歷史文化叢刊

舊學新傳
——新亞研究所學人誌

新亞研究所儒學史研究中心、新亞研究所校友會　合編

李序
有容乃大、捨我其誰

　　新亞研究所由錢穆先生於一九五三年創立於九龍太子道,「以保存及發揚中國文化於當今世界為宗旨」,遂以招收研究生,培養中國文史哲專才為依歸。繼而延攬名師,考選研究生,共分文、史、哲三組,規定選修相關課程及撰寫學術論文。於一九五五年略具規模之際,首先公開招收第一屆研究生,此後歷經七十載至今之歲月,得見春風化雨,為港澳臺及海外培養出一代又一代研究中國文史哲的專業學者,由是蜚聲海內外,成為二十世紀下半葉至今本港研究及培養中國文史哲學者的教研中心。

　　本所創設之初,師生之講習、研究,初以中國文史哲為主,繼而納入東南亞史。而其學術意向與方法,以中國學問為本,並重視借鑒西學,故研究生必修英、日兩國語文。而授課及研究,以國史為例,得見學術史、思想史、政制史、歷史地理、經濟史及華僑史之開拓,上列專史皆需借助西學新知而成,此即「有容乃大」。師生之治學,尤重中國學術研究之創發而皆具「捨我其誰」之志,所中諸師如錢穆、牟潤孫、唐君毅、牟宗三、徐復觀、潘重規、汪經昌、嚴耕望、全漢昇、陳荊和、王德昭;早期諸生如余英時、孫國棟、何佑森、章群、余秉權、唐端正;外籍學生如李克曼(Pierre Ryckmans)、杜德橋(Glen Dudbridge)、可兒弘明等。其著作皆自有「捨我其誰」而得見研究之創發。故本所著述多皆擲地有聲,成為中國文史哲研究之表率而聲華顯露。此研究所得見大師及文史哲治學之風範。

　　二〇二三年新亞研究所校友會及儒學史研究中心(籌備處)為紀念創所七十周年,於農圃道新亞研究所,召開「舊學新傳——新亞學統及文史哲學術研討會」,出席者多為研究所校友及學界俊彥,共同發表論文三十一篇。其中不少以研究所師生之學術成就為研究課題,於此亦可見七十年來研究所

教育及研究之成績，殊值本所同人感慶。而本書所收十篇文章之探究，其內容包括對研究所創立及第一屆研究生即孫國棟、章群、何佑森、羅球慶、余秉權、唐端正、石磊、柯榮欣八人的述介；陳荊和的東南亞史研究；唐君毅、牟宗三及徐復觀的詩學示傳；徐復觀：《中國經學史的基礎》之成書；全漢昇對明清白銀之研究；王韶生之詩學；鄺慶歡與法國漢學的關係；金中樞投身學術的探析；研究所對香港佛學人才的培養；以至對嚴耕望及廖伯源教學的感念。上述諸文皆為對新亞研究所創立後形成的新亞史學、文學及新儒家的勃興，提供了學術線索。此新亞研究所得以屹立香江，影響海內外中國人文學研究之其來有自。而上述諸文，亦皆出於新亞研究所創所師長之再傳學生之手筆，研究所宗尚舊學而見新傳，亦盡見於本書諸文之字裏行間。二〇二一年本所董事會通過創設儒學史研究中心，其中研究目標之一，即為對研究所師長之學術成就，進行繼述與發揚。而本書所取十篇文字，正好符合此一宗旨。其中除筆者所撰兩文及周佳榮一文外，餘皆二〇二三年「舊學新傳」研討會之論文，以其性質相近，特將其彙集成書。除為研究所成立七十周年誌慶，亦作為儒學史研究中心創立之首本專刊，藉此推動本港之中國文史哲研究。

李金強

儒學史研究中心主任
二〇二四年十二月三日

目次

李序　有容乃大、捨我其誰 ……………………………… 李金強　　I

一　創立

新亞研究所之創辦及其第一屆 ……………………………… 李金強　　3
從東南亞到東亞：陳荊和（1917-1995）與新亞研究所 …… 周佳榮　　15

二　專論

自唐君毅、牟宗三、徐觀復之文學傳承研擬「詩學」
建構 ………………………………………………………… 翁文嫻　　27
古詩新傳：王韶生（1904-2001）之詩學 ………………… 區永超　　53
徐復觀（1903-1982）及其《中國經學史的基礎》 ……… 李金強　　75
全漢昇（1912-2001）在白銀研究的成就 ………………… 楊永漢　　91
不只是書生：金中樞（1922?-2011）的生命轉折與學術
成就 ………………………………………………………… 雷晉豪　　113
鄺慶歡（1944-1990）之學術成就及其在法國漢學界的
行誼 ………………………………………… 汪立穎、岑詠芳　　151

新亞研究所與當代香港之佛學發展⋯⋯⋯⋯⋯⋯⋯⋯⋯⋯ 鄧家宙　179

三　誌念

憶嚴耕望先生（1916-1996）及廖伯源學長（1945-2021）　官德祥　197

作者簡介⋯⋯⋯⋯⋯⋯⋯⋯⋯⋯⋯⋯⋯⋯⋯⋯⋯⋯⋯⋯⋯⋯ 207

一　創立

新亞研究所之創辦及其第一屆

李金強

　　新亞研究所由錢穆（1895-1990）於一九五三年籌辦，時已有新亞書院畢業生余英時（1930-2021）、唐端正入學，翌年前赴臺灣招收章群（1925-2000）及何佑森（1930-2008）二人，其中，余英時於一九五五年赴美，入讀哈佛大學，同年研究所正式成立，公開招生，收孫國棟（1922-2013）、羅球慶、柯欣榮、石磊及余秉權（1926-1988），合共八人在所研習，其中除石磊外，其餘七人均於一九五七年畢業，是為新亞研究所第一屆，皆任教於港、臺兩地之大學及美國國會圖書館，日後成為史學及哲學名家。[1]

圖一
錢穆（1895-1990）

---

[1] 《新亞研究所概況（1986-1987）》（香港：新亞研究所，1986年），頁74；羅球慶：〈自序〉，《羅球慶學術論文集》（香港：新龍門書店，2023年），頁III-IV；余英時由新亞研究生轉而留學美國哈佛大學，見余英時：《余英時回憶錄》（臺北市：允晨文化實業公司，2018年），頁152-157，又一九五五年公開招生前尚有蕭世成、列航飛、蔡維勤三人，未見畢業，參朱少璋主編：《沈燕謀日記節鈔及其他》（香港：中華書局，2020年），頁186。

一　新亞書院與研究所的創辦

　　錢穆於一九四九年南下香港，由於張其昀（1900-1985）的主張，與南來學者謝幼偉（1905-1976）、崔書琴（1906-1957）、唐君毅（1909-1978）及張丕介（1905-1970）等創辦新亞書院於桂林街，時以「流亡學者為教授，以流亡青年為學生，以中國古代書院傳統方式為楷模，而以溝通中西文化發揚中國文化為目的」。[2] 並由建築企業家王岳峰出資物色及裝修校舍於桂林街民房，由是建校。繼獲臺灣蔣介石總統（1927-1975）於公費中撥款資助，再獲美國雅禮協會（Yale-in-China Association）盡心補助，新亞書院由是得以創辦及發展。[3] 鑑於其時因抗戰、內戰軍興以後，時局動盪，國人教育水準低落，學術人材缺乏。故已構思創立一以「中國人文學術之教學及研究為中心，以保存及發揚中國文化於當今世界為宗旨」之研究所，[4] 此一構思中成立之研究「集團」，謀求對「中國民族本身自有的歷史文化的基本意識與基本觀念之復甦」，換言之乃對中國文、史、哲的傳統學問的「再生」研究，目的在於為未來新中國之建立及對世界大同與人類和平，作出「必然可有之貢獻」。[5] 新亞研究所遂由此而生，並獲美國亞洲協會（Asia Society）及哈佛燕京學社（Harvard-Yenching Institute）先後資助。一九五三年秋，賃屋於太

2　張丕介：〈粉筆生涯二十年〉，《新亞書院學術年刊》第12期（1970年），頁54。

3　錢穆：〈新亞書院創辦簡史〉，《新亞遺鐸》（北京市：生活・讀書・新知三聯書店，2004年，重刊），頁753-768。一九四九年秋十月成立「亞洲文商專科學校」於九龍偉晴街華南中學，至一九五○年遷桂林街，始稱新亞書院，意謂：「新的亞洲文商學校」，後加入「新的亞洲的中國」之意含。又新亞書院創辦細節，並參唐君毅：〈新亞的過去，現在與將來〉，張學明、何碧琪主編：《誠明奮進：新亞精神通識資料選輯》（香港：商務印書館，2019年），頁119-120；張丕介：〈新亞書院誕生之前後〉；Francis S. Hutchins, "Bonds of Friendship: New Asia College and the Yale-in-China Association." 雅禮協會之資助至六○年代，包括提供英語教師、經費、赴美研究生名額兩人，四十名新亞學生獎學金，成立語文中心、健康中心，而最重要為提供農圃道校舍建築費。參《新亞書院二十週年校慶特刊1949-1969》（香港：新亞書院，1969年），頁1-14。

4　《新亞研究所概況》（香港：新亞研究所，1999年），頁1。

5　錢穆：〈研究所計劃綱要〉（1955年），《新亞遺鐸》，頁64。

子道三〇四號,為研究所成立之雛型,始設圖書館,並收少量研究生。至一九五五年,初具規模,才公開招生,課室設於嘉林邊道二十八號分校,同時出版《新亞學報》創刊號,由錢穆出任首任所長及導師,教務長為張保恆,其餘導師尚有唐君毅(1909-1978)及牟潤孫(1908-1988),一九六〇年增聘謝幼偉,潘重規為導師。及至一九五六年農圃道新校落成,研究所遂遷該處,直至今日。至一九六三年,香港中文大學成立,新亞書院及研究所得為其中之成員,而新亞研究所由是確立,成為其時本港培養中國文、史、哲專才的教學與研究中心,然至一九七四年脫離中文大學自辦,其發展由是轉折。該所除始由錢氏出任首任所長(任期:1955-1964)後,繼由吳俊升(任期:1964-1968)及唐君毅(任期:1968-1978)續任,至一九七八年唐氏逝世,由嚴耕望(1916-1996)代理所長,不足一年而由孫國棟師出任所長,至一九八三年移民美國止。國棟師為研究所第一屆畢業生,師承錢穆,起而推展所務,首創博士班(1981),研究所由是成為培養「高級」文史哲研究生的教研機構。錢、孫二位,遂得以具師生之情誼而先後帶領研究所之創辦及發展,促使該所成為二十世紀下半葉香港中國傳統學術及文化研究之重鎮,亦為港、臺及海外培育一批精研舊學新知的文史哲專業人才,該所亦由此得以享譽國

圖二

唐君毅(1909-1978)

圖三

牟潤孫(1908-1988)

際學林，而有「新亞學派」之稱譽。[6]而研究所第一屆即為該所承先啟後的重要角色，不容忽略。

二　新亞研究所第一屆

　　錢穆於新亞書院成立後，因得亞洲協會之助，於一九五三年始行籌設研究所，已於前述。翌年至臺北始行招生，得章群（1925-2000）、何佑森（1930-2008）二人入學。[7]時新亞書院文史系第一屆畢業生余英時及第二屆畢業生唐端正亦在研究所，余氏由錢穆任導師，指導其研究魏晉南北朝社會經濟史，然因得「哈佛燕京學社訪問學人計劃」，離港前赴哈佛，翌年留校攻讀博士學位，師從楊聯陞（1914-1990），日後成為當代傑出華人史家，並於一九七三年回港出任香港中文大學副校長及新亞書院院長。[8]至一九五五年，該所因得哈佛燕京學社之助，研究所正式成立，公開招生，收錄五人，包括國棟師、羅球慶、柯榮欣、石磊、余秉權，皆立志治史。錢穆為孫、柯二人導師；而牟潤孫則為羅、石、余三人導師。[9]此外，研究所第一屆研究生，尚有哲學組之唐端正，師從唐君毅，研究〈孟莊老荀四家思想之無為與

---

[6] 錢穆：〈新亞書院創辦簡史〉，頁769-770、777-779；〈研究所〉、〈二十年來之圖書館〉，《新亞書院二十週年校慶特刊》，頁148-150、178；並參李金強、文兆堅：〈當代香港華文史學之興起——以錢穆（1895-1990）與新亞書院為個案〉，《21世紀世界與中國》（北京市：清華大學出版社，2003年），頁617-625；新亞學派一稱，見王爾敏：《20世紀非主流史學與史家》（桂林市：廣西師範大學出版社，2007年），頁7。

[7] 錢穆：《八十憶雙親、師友雜憶》（長沙市：岳麓書社，1986年），頁262，265-267。

[8] 余英時：《猶記風吹水上鱗——錢穆與現代中國學術》（臺北市：三民書局，1991年），頁11，又新亞書院及研究所成立初期，錢、余二人師生情誼及其時從學，問學情景，見頁3-11；又余氏受教於楊聯陞，見頁169-178、191-198；至於余氏在新亞研究所之研究論文，題為〈東漢政權之建立與士族大姓之關係〉，刊於《新亞學報》，1卷2期（1955年），見〈研究所〉，《新亞書院二十週年校慶特刊》，頁151。余英時之學術履歷及成就，見〈院士基本資料查詢〉，academicians.sinica.edu.tw，李奭學：〈余英時教授的生平與貢獻〉，view.news.qq.com，擷取時間2015年2月9日。

[9] 錢穆：《八十憶雙親、師友雜憶》，頁267；羅球慶：〈敬悼孫國棟學兄〉，《孫國棟教授追思集》，頁42-43。

有為〉，日後任教新亞書院及中文大學哲學系而得著聞於學界。[10]其餘上述各人，章群研究〈論唐開元前的政治集團〉，日後任教於浸會學院（浸會大學前身）史地系、歷史系主任及香港大學中文系。何佑森研究〈元代學術之地理分佈〉，日後任教新亞書院及臺灣大學中文系。國棟師研究〈唐三省制之發展〉，留校任教，與新亞書院及研究所發展，關係最為密切。羅球慶研究〈北宋兵制〉，於新亞書院歷史系、崇基書院史地系及香港中文大學歷史系任教，於崇基任教時，史地系分家，出任歷史系主任，為本港培訓新一代宋史學者。余秉權研究〈北宋役法制度之爭議〉，畢業後至西雅圖華盛頓大學深造，時中央研究院近代史研究所所長郭廷以（1904-1975）至該校訪問，稱許余氏「談吐不俗」，「穩重明通、殊可愛」，日後任教香港大學中文系及任職美國國會圖書館。柯榮欣研究〈西周之政治思想〉，初受聘於研究所。石磊研究〈五代兵制〉，因病稍遲一年，延於第二屆畢業，日後任教於樹仁學院（今樹仁大學前身）。其中何、羅、孫三人亦先後藉哈佛燕京訪問學人計劃，赴美研習；可見研究所第一屆畢業生之人才濟濟及學術造詣，並且多具「縱的傳承及橫的移植」，兼通中西學術素養之特質。其中章群、孫國棟二人相繼於香港大學取得博士學位，並成唐史名家，何佑森以近三百年學術思想史著稱學界，倡導研究明清「實學」及「經世思潮」。羅球慶以宋史著聞，而余秉權則以編纂《中國史學論文引得》此一「燃燒自己、照亮他人的艱苦工作」而著稱。[11]此外，章群亦利用中央研究院歷史語言研究所之

---

10 〈錢先生與唐端正先生書函〉，黃浩潮、陸國燊編：《錢穆先生書信集——為學、做人、親情與師生情懷》（香港：香港中文大學新亞書院，2014年），頁176-177。唐氏自謂自一九四九年新亞創校至一九九〇年錢穆去世，「我和錢先生一直保持著密切的師生關係。」

11 錢穆：《八十憶雙親、師友雜憶》（長沙市：岳麓書社，1986年），頁267；郭廷以：《郭量宇先生日記殘稿》（臺北市：中央研究所近代史研究所，1990年），頁14，21；夏長樸：〈何佑森先生傳（1931-2008）〉，臺灣大學中國文學系，2024年10月30日擷取，http://www.cl.ntu.edu.tw/uploads/root/；又參羅球慶：〈敬悼孫國棟學兄〉，頁43；〈自序〉，《羅球慶學術論文集》，頁I-VI，頁341附錄；胡楚生：〈余氏「中國史學論文引得」平議〉，《中興大學文史學報》，11期（1981年），頁8-10。

傅斯年圖書館所藏民國學術期刊，編纂《民國學術論文索引》（臺北市：中華文化出版事業公司，一九五二年）一書，此皆「利人之學」，於此亦可見新亞研究所第一屆研究生之學術志趣及胸襟。

由此可見，新亞研究所創立之初，即在錢穆、唐君毅二人影響下，不但為本港孕育出戰後第一批文史哲學者，且為二十世紀下半葉至今著名華人文史哲學者的學術搖籃，其於本港及海外漢學研究之貢獻，當無庸置疑。而國棟師即在新亞開創新學風的新契機中，投身新亞書院及研究所，服務一生，秉承其師錢穆之教育文化理念，承接書院行政重擔，籌辦新亞中學，帶領研究所，以至弘揚傳統中國文化，堪稱為不折不扣之「新亞人」。[12] 故以國棟師作為第一屆畢業生之個案，述其生平及貢獻，說明創所第一屆之承先啟後之典範。

圖四　研究所第一屆
（左起：柯榮欣、孫國棟、羅球慶、余秉權、唐端正）

---

12 張學明、趙鍾維〈孫國棟行誼述略〉，黃乃正：〈孫國棟教授追思會悼辭〉，羅球慶：〈敬悼孫國棟學兄〉，《孫國棟教授追思集》，頁6、28、44，羅氏謂國棟師自一九五五年入讀新亞研究所，兩年後任教新亞書院，至一九八三年退休，前後二十八年，對新亞有無比感情，晚年又回港，於新亞校園知行樓終老，可謂不折不扣之新亞人。

三　國棟師與新亞研究所

　　國棟師出生於官宦之家，就讀於廣州教忠中學，抗戰時至重慶，入讀政治大學，於一九四四年響應國民政府號召「十萬青年十萬軍」，投筆從戎，捨身為國。被編入二〇一師炮四連，奉調緬甸，補充在緬作戰的新一軍，得以追隨抗戰名將孫立人將軍（1900-1990），以特級下士任職其辦公室。及至勝利後，奉命隨新一軍回師廣州接收，與教忠中學同學何冰姿重逢，日後結為夫婦。復員後至政治大學完成學業。[13]一九四九年時逢國變，南下香港，任教嶺東中學，報館主筆。於一九五二至一九五三年間並擔任王道創辦《人生》雜誌之編輯，至一九五五年決定脫離報業生涯。考入新亞研究所，師從錢穆，從事唐代政治制度史之研究，從而為其平生揭開新的一頁，此即與新亞的教育與學術事業，結下不解緣。國棟師之於新亞，正如余英時所言，乃「一身兼具學術研究與行政領導兩種相反而又相成的才能」之結合。而國棟師畢業於新亞研究所，最終得以接任新亞研究所，其一生教育學術及文化理念亦與新亞研究所相始終，深值記懷。[14]以下分別言之。

　　一、學術研究的才能——國棟師為華文史學界的唐宋史名家。自一九五五年入學研究所，在錢穆先生指導下，要求其細讀《國史大綱》，結果從該書所論「唐代是中國政治制度發展高峰期」，而產生研究唐代宰相制度的興趣，並於研讀歐陽修：《新唐書》之〈宰相表〉過程中，發現該表漏誤數十處之多，遂借助《新舊唐書》、《通鑑》及《唐大詔令》諸書，比勘考訂，校正該表一百二十二條，撰寫第一篇學術論文〈唐書宰相表初校〉，發表於《新亞學報》，二卷一期（一九五六年八月）。一九五六年繼而於研究生月會報告中，發表〈戰國遊仕之分佈與影響〉（一九五六年三月二十四日）。至此，錢穆建議國棟師應就個人學術背景及志趣，擬定碩士論文題目，並以嚴

---

[13] 孫國棟：〈悼冰姿〉，〈一寸山河一寸血　十萬青年十萬軍——「我的抗日從軍行」紀實〉，《生命的足跡》（香港：商務印書館，2006年），頁42-46，98-139。

[14] 蘇慶彬：〈悼念摯友孫國棟先生〉，《孫國棟教授追思集》，頁49-51；余英時引文，見余英時：〈儒家傳統、新亞精神——敬悼孫國棟兄〉，同書，頁39。

耕望研究政治制度史的成績勉之，從而確定其研究唐史之方向。並以唐代三省制度為研究題目，最終以此畢業。全文稍後發表於《新亞學報》三卷一期（一九五七年）。此文論述有唐一代中樞三省制度之源起、長成、挫折、轉變、破壞及轉型等階段，點出制度背後精神，引伸出有唐一代君臣權力演變，與其盛衰之關係。此一佳作於發表前後，深獲導師錢穆及哈佛大學楊聯陞之賞識。[15]國棟師亦憑此唐史研究之新猷，使其得以留校任教，講授隋唐史。故新亞研究所無疑為國棟師學術生命之溫床，下開其唐史研究兼及宋史之創獲與新成果，此即《唐宋史論叢》（一九八〇年）及《唐代中央文官遷轉途徑研究》（一九七八年）兩書之出版。前書為其唐宋史研究論文之結集，其中前述〈唐代三省制之發展與研究〉，占全書四百二十一頁中之九十九頁；另一文〈唐宋之際門第之消融〉，占八十二頁，此二文為是書篇幅所占最多及其代表作。後書則為一九七四年於香港大學取得博士之論文，兩書並見其於唐代政制及唐宋政治與社會變動兩大研究範疇之成績。[16]此亦其成為唐宋史名家之由來。[17]

---

[15] 孫國棟：〈師門雜憶〉，《生命的足跡》，頁173-175；〈唐書・宰相表初校〉、〈唐代三省制之發展與研究〉，《唐宋史論叢》（上海市：上海古籍出版社，2012年，重印），頁1-54，147-245。

[16] 孫國棟：〈出版說明〉、〈再版序〉、〈弁言〉、《唐宋史論叢》，本書於一九八〇年先由香港龍門出版社出版，共收唐宋史論文九篇；至一九九九年由香港商務印書館刊行第二版，增添兩篇論文；至二〇一〇年由上海古籍出版社刊印第三版。該社於出版說明指出「孫先生的成就亦受內地史學之推崇」，故出國內新版，並新增國棟師首作〈唐書宰相表初校〉一文。全書合共十二篇。〈序〉，《唐代中央重要文官遷轉途徑研究》（香港：龍門書店，1978年）。國棟師謂此書乃一九六八年於英國休假十個月，先後在倫敦大學及劍橋大學研究時，深感唐代職官陞遷與吏治優劣具有密切關係，故發願研究唐代中央文官陞遷，最終以此取得學位及成書出版。

[17] 劉健明、呂振基：〈四十年來香港的隋唐五代史研究〉，周佳榮、劉詠聰主編：《當代香港史學研究》（香港：三聯書店，1994年），頁208-209。指國棟師為本港第三代最重要之唐史學者。趙雨樂：〈戰後香港文化的承傳：以孫國棟的史學視野為例〉，《文化中國的重構——近現代中國知識分子的思維與活動》（香港：香港教育圖書公司，2006年），見註1及19；記述兩岸三地及美國學者對國棟師研究的肯定及引介。

就國棟師所探究之唐代中央政制及唐宋社會轉變課題而言，乃以計量方法進行研究，自闢蹊徑，為本港史學界首見計量史學的著述，開創風氣。前者以《唐代中央重要文官遷轉途徑研究》一書為例，透過統計方法，對唐代中央之三省（尚書、中書、門下）、六部、九寺、臺、監各行政部門重要文官的遷轉途徑，作出統計及疏解。國棟師對於唐代中央政制文官遷轉此一新方法之研究，使唐代正史、政典文獻記述唐人入仕的靜態觀察，得以呈現出「制度流動與改變的生命力」。[18]為唐代中央政治制度史研究開闢新視角。後者則以〈唐宋之際門第之消融〉為例，此乃國棟師於一九五八年初獲哈佛燕京學社補助，至哈佛訪問一年，以〈唐宋之際社會轉變〉為題，研究唐末五代社會之大動亂，即其首起運用計量方法研究唐宋史之佳作，大抵與其時美國漢學界以計量方法及社會流動理論研究國史相關。[19]此項研究，稍後刊登於《新亞學報》錢穆六十五歲壽辰紀念專號，該文透過統計晚唐、五代、北宋各代人物出身背景，以「社會消融」為題，對唐宋政治領導層進行「社會階層化及流動」之研究，搜羅新舊唐史及宋史過千人物傳，進行統計分析。對前此陳寅恪認為中唐以降，由於貢舉制度促成舊族衰替，新門代興，寒人抬頭之成說，提出修正。指出中唐以降之領導層，仍由世族把持政局，直至晚唐五代，由於戰亂，衣冠舊族始見受到摧殘，轉以軍校出身寒人為中堅，至北宋則因科舉制度，始見社會消融，寒士上進，此一具有數據之新說，論證出唐代仍由世族貴冑操控，至宋代始見寒士抬頭，此即國棟師所指之「唐宋社會消融」。所論除印證錢穆中古社會階級消融之卓論，並與日本

---

18 引文見趙雨樂：〈懷念孫國棟師的治史精神〉，《孫國棟教授追思集》，頁16。
19 關於利用計量方法說明科舉制度促成中國社會流動的研究，當以何炳棣：《明清社會史論》(*The Ladder of Success in Imperial China: Aspects of Social Mobility, 1368-1911*) 一書，最受學界注目，參徐泓：〈何炳棣教授及其明清社會史論〉，何炳棣著，徐泓譯註：《明清社會史論》（臺北市：聯經出版事業公司，2013年），頁xviii-xxviii；利用社會流動研究傳統中國之情況，參李弘祺：《宋代教育散論》（臺北市：東昇出版社，1980年），頁25-32。

京都學派「唐宋變革論」相輝映,[20]此文亦因而受到中外學界所重視。[21]

二、行政領導才能——國棟師於研究所畢業後,即為其師錢穆賞識及提拔,於新亞書院歷史系出任講師,此後歷任新亞書院歷史系主任,文學院院長,輔導長等職,參與推動院務。[22]及至一九七七年中文大學新亞、崇基、聯合三院進行統一,中大歷史學系重組,國棟師出任系務會主席及系主任,承擔改組及歷史系行政職務。得見其具有領導長才。經其規劃,為中大歷史系日後發展,奠下基石,同系吳倫霓霞謂國棟師「處事公正,明白事理而尊重別人意見」進行改革,使三院歷史系得以合一及發展。[23]其次一九七三年新亞書院遷入沙田中文大學,新亞研究所脫離中文大學,新亞同仁遂成立「新亞教育文化會」,決定於農圃道校舍創辦中學及文商書院,並接辦研究所。使新亞教育及文化理念,藉此三所機構以中學、專上、研究所「一條龍」形式而獲得實踐。此一重大變化,國棟師起而參予擘劃,當農圃道新亞書院校舍,交與新亞教育文化會使用時,隨即興辦新亞中學,研究所亦留設於農圃道。其中新亞中學之籌設,皆由國棟師一手策劃,完成建校,故於一九七三至八三年間被委任為新亞中學之校監。至一九七八年唐君毅去世後,隨即接任研究所所長之職,至一九八三年移民美國而止。[24]

---

[20] 孫國棟:〈唐宋之際社會門第之消融——唐宋之際社會轉變研究之一〉,《唐宋史論叢》,頁271-352。

[21] 日本學界以京都學派之內藤湖南(1866-1934),始倡「唐宋變革說」,指唐宋時代之中國由中世進入近世,就社會方面觀之即見庶民社會之出現,故國棟師此文,引起日本學者關注,大量引述其論據,參趙雨樂:〈懷念孫國棟師的治史精神〉,頁13,17-18;〈戰後香港文化的傳承:以孫國棟的史學視野為例〉,頁238-249。

[22] 國棟師於新亞之行政職務,乃其師錢穆所交付,但又恐其公務繁雜而影響其學術研究,見〈錢先生與孫國棟先生書函〉,《錢穆先生書信集》,頁141,145,錢氏於函中謂「回念穆離校前即以史系公務加之於弟,此十年來,每以內疚。」

[23] 吳倫霓霞:〈懷念孫國棟先生〉,《孫國棟教授追思集》,頁36,吳倫氏日後亦出任歷史系主任。

[24] 新亞教育文化會成立及興辦新亞中學,參蘇慶彬:《七十雜憶:從香港淪陷到新亞書院的歲月》(香港:中華書局,2011年),頁274-281。興辦新亞中學,源自錢穆,期望「以中學盈餘養一研究所」,見〈錢先生與孫國棟先生書函〉,頁131。國棟師即承其師所託而行之。

國棟師於新亞研究所任職所長時期，前後六年。期間值得注意者為研究所於一九八一年增辦博士研究班，招收具有中國文學、史學、哲學之碩士學位者入學，使研究所發展，進入新階段。期間在學及新招收之碩士研究生，計共五十一人，其中十八人畢業後，分別於港、澳、臺灣、新加坡、美國、澳洲各大學之文、史、哲學系任教，而新亞研究所所培訓中國文史哲人才，任教專上院校之宗旨，亦得見於國棟師之任內。[25]

　　由是觀之，國棟師以一介書生，於抗戰時投筆從戎，實為民國以降知識分子「書生報國」之典型。[26]於戰後來港，棲身於錢穆創立之新亞研究所，而成其一生之學問與事業，以唐宋史著聞於世，又擅長寫作、文章皆見關懷家國，擲地有聲。其中尤以匡正柏楊對中國文化之負面批評及語譯《資治通鑑》之謬誤，再為時人所重。[27]然其於新亞，集教學、研究、行政於一身，顯示其學術與行政之長才，又能持守乃師錢穆興辦新亞之教育及文化理念，宜其為新亞嫡傳而為香江之學術、文教事業立下令人緬懷之豐碑。

四　小結

　　一九四九年為中國現代史上重大分水嶺，此即中、港、臺、澳、兩岸四地之形成。時國內士商相繼南下，新亞研究所即在此一國家與社會動盪中成立，南來學者以錢穆、唐君毅、張丕介為首，創立新亞書院及研究所，際此國家與文化呈現唐君毅所說猶如「大樹之崩倒，而花果飄零」，然而為求我國文化得以「靈根再植」，遂求於南天海角的香港，培育下一代之華人子弟，藉中國文史哲之教研，以溝通中西而傳揚中國文化於當今世界，此新亞研究所創立之宗旨，自一九五三年籌辦至今，歲月流逝七十二載，卻為兩岸

25　《新亞研究所概況》（2000年），頁5，74-79。國棟師並指導碩士生張日燊研究〈唐永貞政潮試探〉，張氏時於浸會大學語文中心任教。

26　周策縱：〈序〉，李金強：《書生報國——中國近代變革思想之源起》（福州市：福建教育出版社，2001年），周氏指書生報國的觀念至二十世紀上半期至為興盛。

27　孫國棟：《慕稼軒文存》（香港：科華圖書出版公司，2008年），第2集，頁241-353。

四地及海外培訓一批從事大、中學校之文史哲教師，由是聞名海內外。其中新亞研究所第一屆研究生，包括孫國棟、章群、何佑森、余秉權、柯欣榮、石磊、唐端正及中途轉學美國哈佛大學之余英時，皆為海內外文史哲之名家，而香港之中國文史哲研究，由是得以占一席地位，而與中、臺兩地鼎足而立。

從東南亞到東亞：陳荊和（1917-1995）與新亞研究所

周佳榮

香港是亞太區內的大都會，在國際華人社會網絡中占有關鍵位置。本地學界於東亞研究方面，既能較充分掌握中國內地、香港、澳門、臺灣以至海外華人的文獻和著作，又可以參考歐美和日本的資訊及成果，其表現往往別樹一幟。第二次世界大戰後，在研究條件尚未成熟的情形下，有一批外地學者來港，居留長達一、二十年以上，他們一方面致力開拓自己的研究空間，一方面為本地培訓接班人才，成績有目共睹，功不可沒。史學家陳荊和（Chingho A. Chen, 1917-1995）在港從事教研工作近二十年，是其中的表表者。

陳荊和以研究東南亞華僑史著稱，而於整理越南史料方面成績最為可觀；同時精通日本歷史與文化，為本地的日本研究奠定基礎。他一生勤於著述，分別以中文、越南文、日文、英文發表，包括專書、史料集多種，及論文逾六十篇。要全面評論陳荊和的學術成就，先決條件是通曉上述幾種語文，何況他的東亞研究，涉及面既廣，課題又專深，這對一般學者來說是非常不容易的事；弟子之中，大抵於其學問有所偏重，或專注東南亞華僑，或著眼中日關係，要發揚光大，非加倍努力不可。

本文主要綜述陳荊和的生平事蹟和著述概況，初步探討他在學術研究方面所取得的成果，並藉此說明他對本地和海內外史學界的貢獻，希望學界珍惜他以半個世紀時間辛勤開拓的研究領域。

第二次世界大戰後，學界所指的東亞，僅為中、日、韓三國，並不包括東南亞在內；但古代的東亞世界，涵蓋範圍實及於東南亞地區。隨著二十世

紀的開展，中、日、韓諸國不但交往頻繁，還加強與東南亞地區聯繫，一個廣義的新東亞時代已宣告來臨。所以本文所說的「東亞史」，包括「東南亞史」在內；這與陳氏提倡的東亞研究，其定義是一致的。

一 生平概況及教研成績

陳荊和，字孟毅，號蒼崖。生於臺灣臺中市，原籍福建漳州漳浦縣，其家族於一七四八年移居臺灣，時為清朝乾隆十三年。陳荊和在日本東京接受小學和中學教育後，入慶應大學文學部史學科，專攻東洋史，師從松本信廣（1897-1981），於一九四二年畢業。[1]松本信廣是東亞民族史家，著有《印度支那的民族與文化》、《古代文化論》、《東亞民族論考》等；戰後主要從事東亞古代船舶的研究，參與《亞洲歷史辭典》的編寫。[2]

一九四三年至一九四五年間，陳荊和在越南河內的法國遠東學院進修東南亞史及越南語。一九五四年至一九五五年，在法國巴黎大學高級中國研究所從事遠東各國近代史研究。他獲慶應大學頒授文學博士學位，是在一九六六年。日本和法國都是漢學研究的重鎮，越南自古以來，與中國、日本、朝鮮同為東亞文化圈的成員，陳氏的留學經歷，已模鑄了日後的研究路向。

從一九四〇年代中至一九六〇年代初，陳荊和先後任教於臺灣大學、越南順化大學、西貢大學及大叻天主教大學。一九六二年應聘來港，在史學大師錢穆（1895-1990）創辦的新亞書院擔任教職；又在新亞研究所設立東南亞研究室，致力研究東南亞歷史、社會和文化，為本港首創東南亞研究的研究中心。一九六三年香港中文大學成立，新亞書院是三個成員學院之一，該校重視人文學科，文史哲研究蜚聲士林。任教於歷史系的學者，均為一時之

---

[1] 《華僑華人百科全書・著作學術卷》（北京市：中國華僑出版社，1999年），林在森〈陳荊和〉條，頁33。

[2] 嚴紹璗：《日本的中國學家》（北京市：中國社會科學出版社，1980年），〈松本信廣〉條，頁417；日本歷史學會編：《日本史研究者辭典》（東京市：吉川弘文館，1999年），頁306。

選，學術史有牟潤孫，歷史地理有嚴耕望，社會經濟史有全漢昇，隋唐史有孫國棟，秦漢史有蘇慶彬，中西交通史有王德昭，加上陳荊和的東南亞史及日本史，連同外籍講師和交換學人講授的科目，格局甚見恢弘。書院以「新亞」為名，歷史系更有「新亞史學」的氣象。陳荊和融會中國史與亞洲史，王德昭貫通中國史與西洋史，二人的聘任相信並非純然巧合，而是出於一種邁越世俗時流，蘊含卓識遠見的學術安排。

香港中文大學於一九六七年成立中國文化研究所，其下設「中國與東南亞關係組」，由陳荊和主持，從事東南亞華僑資料的搜集和整理。一九七一年，陳氏又在社會人文學科研究所成立東亞研究中心，與美國南伊利諾大學越南研究中心合作，進行「越南史料整理計劃」。[3]

一九六三年至一九七七年間，陳荊和除了在中文大學歷史系任教外，曾休假離港，到慶應大學和南伊利諾大學等校講學。一九七七年中文大學成立日文組，聘請陳氏為日本研究講座教授，兼中國文化研究所副所長、所長，至一九八一年退休。其後續獲日本創價大學聘請，擔任教育學部、教育與文化研究中心特任教授；一九八六年起，出任亞洲研究所所長，任內曾到北京大學講學，一九九三年因健康緣故正式退休。[4] 晚年定居美國，後於越南逝世，享年七十八歲。

二　確立東亞史研究的方向

一九四〇年代後期，陳荊和開始在臺灣出版的刊物上發表文章，其〈順化城研究旅行雜記〉載於《臺灣文化》第三卷第五期（一九四八年），〈「字喃」的形態及其產生年代〉載於《人文科學論叢》第一輯（一九四九年）。一九五〇年代開始，陸續有多篇論文在《文史哲學報》、《大陸雜誌》及《學術

3　參《中文大學校刊》冬李號（1976年），〈陳荊和教授專訪〉。
4　參《創大アジア研究》第15號（1994年），〈陳荊和前所長退職紀念號〉。

季刊》上刊登。[5]《中菲文化論集》、《中越文化論集》等專書或特刊，亦載有他的著作。[6]

一九六二年陳荊和來港以前，在研究方面有下列幾項值得注意的事情：

第一，是兼顧歷史知識的普及工作，陳氏曾編著華僑初級中學歷史教科書《東南亞史》，一九五五年至一九五六年間，由臺北正中書局分別出版菲律賓版、印尼版和越南版。

第二，是拓展研究領域，他在新加坡出版的《南洋學報》上發表〈鄭懷特撰《嘉定通志》城池志註釋〉（第十二卷第二輯，一九五七年）及〈清初華舶之長崎貿易及日南貿易〉（第十三卷第一輯，一九五八年），後者的視野已擴寬到日本。

第三，是開始在香港的《新亞學報》上刊登論文，計有〈十七、十八世紀之會安唐人街及其商業〉（第三卷第一期，一九五七年）、〈承天明鄉社與清河庯〉（第四卷第一期，一九五九年）及〈清初鄭成功殘部之移殖南圻〉上（第五卷第一期，一九六〇年），末後一篇的下半於《新亞學報》第八卷第二期（一九六八年）續完。

第四，是編印東南亞史料集和目錄，其《十七世紀廣南之新史料：〈海外記事〉》由臺北中華叢書委員會於一九六〇年出版，《阮朝硃本目錄》第一集（嘉隆朝）、第二集（明命朝）及《黎崱〈安南志略〉校定本》，則由越南順化大學於一九六〇年至一九六一年出版。

以上幾點，說明了陳荊和的研究方向及志趣早見端倪，在來港任教之前，已初具規模。特別值得一提的是，陳荊和於順化大學任教期間，對明清之際朱明遺民流寓越南建立的華裔社區「明香社」（意即維持明朝香火，後來

---

5 陳荊和：〈交趾名稱考〉，《文史哲學報》第4期（1952年）；〈菲律賓華僑大事誌〉，《大陸雜誌》第6卷第5期（1953年）；〈林鳳襲擊馬尼拉事件及其前後（1565-76）〉，《學術季刊》第2卷第1期（1953年）；〈安南譯語考釋〉，《文史哲學報》第5-6期（1954年）；〈八聯市場之設立與初期中菲貿易〉，《大陸雜誌》第7卷第7-8期（1954年）等。

6 陳荊和：〈五代宋初之越南〉，《中越文化論集》第2卷（1956年）；〈西屬時代的菲島華僑零售商〉、〈華人歷史上的人口及居留地〉，《中菲文化論集》第2卷（1960年）；〈越南陳朝史略〉，《臺灣陳大宗祠德星堂重建50周年慶祝紀念特刊》（1961年）等。

改稱「明鄉社」）有開創性的研究，其成果初見於《新亞學報》上。來港後，更出版《承天明鄉社陳氏正譜》（香港：新亞研究所，一九六四年）一書。

三　來港任教及開展研究

一九六〇年代，陳荊和一方面在新亞書院歷史系任教，一方面在新亞研究所主持東南亞研究室，進行兩項出版計劃：其一是「東南亞研究專刊」，其二是「東南亞史料專刊」。

「東南亞研究專刊」方面，計有鄭懷德《艮齋詩集》（一九六二年）、陳荊和《十六世紀之菲律賓華僑》（一九六三年）及上文提到的《承天明鄉社陳氏正譜》；同系列的出版物，還包括呂士朋著《北屬時期的越南——中越關係史之一》（一九六四年）。《十六世紀之菲律賓華僑》是陳荊和的代表作，收集歷年發表關於菲律賓華僑史研究的論文，探討西屬菲律賓時期中菲貿易的出現，內容並及西屬初期對華僑的管治以至菲華的動態。其後此書並有英文版在日本出版。[7] 學術界公認此書是有關方面的權威著作。「東南亞史料專刊」方面，整理出版越南人潘叔直（養浩）輯《國史遺編》（一九六五年）及宋福玩、楊文珠輯《暹羅國路程集錄》（一九六六年）兩種。

及至一九七〇年代，陳荊和編校的史料集，均由香港中文大學出版，計有：越南阮朝（1802-1945）翼宗原撰《嗣德聖製字學解義歌譯註》（一九七一年），與陳育崧合編《新加坡華文碑銘集錄》（一九八二年），以及《阮述〈往津日記〉》（一九八〇年）。阮述在越南嗣德朝（1848-1883）晚期曾兩次赴華，《往津日記》是研究當時中越關係的重要資料，此書除陳荊和的解說及註釋外，還有著名學者饒宗頤的跋文。

在香港任教期間，陳荊和續有中文論文刊載於港、臺學報；[8] 又出席學

7　Ching-ho Chen, *The Chinese Community in the Sixteenth Century Philippines*. Tokyo: The Centre for East Asian Cultural Studies, 1968.

8　陳荊和：〈十七、八世紀越南之南北對立〉，《南洋大學學報》第2期（1968年）；〈河仙鄭氏世系考〉，《華崗學報》第5期（1969年）；〈元世祖忽必烈的日本出師〉，《華學月刊》第11期（1972年）。

術研討會，以英文發表其研究成果。[9]日文論著更多達十餘篇，分別見於日本的《史學》、《三田評論》、《亞細亞經濟》、《民族文化》、《東南亞——歷史與文化》等學報，較重要的有〈十七、十八世紀東南亞的華僑自主政權〉及〈《大越史記全書》的撰修與傳本〉等；[10]另有〈《大越史略》的內容與編者〉一文，載於《山本達郎博士古稀記念論文集——東南亞、印度的社會與文化》（一九八〇年）。[11]

陳荊和主持香港中文大學中國文化研究所期間，於一九七九年舉辦「中日文化交流國際研討會」，是香港地區首次以中日歷史關係為主題的一個大型國際研討會，共有十個國家和地區的學者參加，包括來自日本、韓國、臺灣、馬來西亞、澳洲、美國、加拿大、英國、法國和香港的學者六十多人。大會討論了中日兩國兩千年來文化交流的情況，並將提交論文結集為《中日文化交流國際研討會論文集》三卷，包括考古、美術、文學、語言學習、經濟及思想六方面，於一九八五年出版。[12]

四　晚年在日本發表成果

一九八〇年代，陳荊和任教於創價大學，在學術界顯得非常活躍，發表論著逾十篇，例如〈關於《大南寔錄》與阮朝硃本〉載《稻・舟・祭——松

---

[9] Chingho A. Chen, "On the Rules and Regulations of the 'Duong-thuong Hoi-quan' of Faifo (Hoi-an), Central Vietnam," *Southeast Asian Archives*, Vol.II (1969); "Mac Thien Ti and Phraya Taksin, A Survey on their Political Stand, Conflicts and Background," *Proceedings, Seventh IAHA Conference*, Vol.II (1979).

[10] 陳荊和：〈十七、十八世紀の東南アジアにおける華僑の自主政權〉，《民族文化》第10卷，第1-2號（1974年）；〈《大越史記全書》の撰修と傳本〉，《東南アジア——歷史と文化》第7號（1977）。

[11] 陳荊和：〈《大越史略》——その內容と編者〉，《山本達郎博士古稀記念論文集：東南アジア・インド社會と文化》（1980年）。

[12] 黃愈軒：〈香港研究日本史及中日關係史的概況〉，載周佳榮、劉詠聰主編：《當代香港史學研究》（香港：三聯書店，1994年），頁358-359。

本信廣先生追悼論文集》（一九八二年），〈東南亞華僑史研究的回顧〉載《第一回國際近代日本華僑學術研究會論文集》（一九八八年）。[13]其餘大多刊於《創大亞細亞研究》，如〈《校合本・大越史記全書》的刊行及其體裁〉（第八號，一九八七年）、〈關於阮朝初期的「下洲公務」〉（第十一號，一九八九年）。[14]

除了繼續一向以來的東南亞史研究外，陳氏也有文章涉及香港問題，例如〈新界租約期滿與香港的將來〉、〈嗣德時代越南的近代化志向與香港〉；[15]此外，還論述了一些當代政治事情，例如〈中國之統一：分析與展望〉、〈西沙群島與南沙群島——歷史的回顧〉。[16]這是陳氏晚年著述的特色之一。

陳荊和早於一九七〇年代已全面進行《大越史記全書》的校勘工作，但因卷帙浩繁，赴日本後繼續完成，《校合本・大越史記全書》三冊最終由東京大學東洋文化研究所附屬東洋學文獻中心於一九八四年出版。《大越史記全書》乃越南黎朝（後黎朝，1428-1789）史官吳士連等撰修的編年體正史，以《大越史記》及《史記續編》兩種著作為基礎編成，一六六五年范公著奉命續修《大越史記全書》，增加《本紀實錄》及《本紀續編》；一六九七年黎僖撰成《本紀續編追加》，又增一六六二年至一六七五年黎玄宗、黎嘉宗兩朝實錄，成為《大越史記全書》的最後修訂本，至此全書遂告完成，頒行天下。除最初的刻本外，西山朝（1778-1802）、阮朝均有版刻或複刻；一八八五年日人引田利章在日本以活字印刷，成為通行本，但錯漏頗多，引起不少疑問。陳氏編校的《校合本・大越史記全書》，以不同版本互校，並加

---

13 陳荊和：〈《大南寔錄》と阮朝硃本について〉，《稻・舟・祭——松本信廣先生追悼論文集》（1982年）。

14 陳荊和：〈《校合本・大越史記全書》の刊行とその體裁〉，《創大アジア研究》，第8號（1987年）；〈阮朝初期の「下洲公務」に就いて〉，《創大アジア研究》第11號（1989年）。

15 陳荊和：〈新界租約の滿期と香港の將來〉，《創大アジア研究》第3號（1981年）；〈嗣德時代ベトナムの近代化志向と香港〉，《創大アジア研究》第12號（1991年）。

16 陳荊和：〈中國の統一：分析と展望〉，《自由世界》5月號、6月號（1982年）〈西沙群島と南沙群島——歷史的回顧〉，《創大アジア研究》第10號（1989年）。

標點和註解，對研究者最稱便利。[17]

陳荊和另編訂《校合本・大越史略》，一九八七年由創價大學亞洲研究所出版。《大越史略》又名《越史略》，是越南最早的編年體史書，撰者不詳（有人認為作者是胡宗鷟），大約是陳朝昌符年間（1377-1388）的著作。共有三卷，敘事自傳說時代起，而於李朝（1010-1225）史事記述特詳，與《大越史記全書》同為考察越南李朝及前此史事的基本材料。但《大越史略》在越南國內已失傳，流傳於中國，收入《四庫全書》，此外亦見於其他叢書載錄。[18]陳氏編校的《校合本・大越史略》是現行最完整的版本。

五　默默耕耘的先驅

陳荊和在學術界的活動，大致上可以分為三個時期：一、前期——從一九四五年至一九六二年，主要活動於臺灣，其次在越南，這時期奠定了他的研究基礎和確立了發展方向；二、中期——從一九六二年至一九八一年，主要任教於香港，活動則遍及東亞和東南亞多國，這時期是他從事史學研究的高峰期，成就特多，並以中英文撰寫其代表作；三、後期——從一九八一年至一九九五年，主要活動於日本，晚年在越南定居，以完成《大越史略》和《大越史記全書》的校合本為最大成就，日文著作亦多。

陳荊和早年對臺灣史學界的影響，史家曹永和在〈百年來的臺灣學術發展〉一文中指出：「本地研究者也漸受注目，如今日許多臺灣史資深學者的共同老師楊雲萍；日治時期畢業自慶應大學，專研東南亞史——特別是越南史的陳荊和。雖然臺灣學術對陳荊和多所忽略，但其研究在只重視中國史研究的臺灣史學界，應該有特別的地位。」[19]這番話大概也適合用於香港史學界，本地學者對陳荊和的大量著作多所忽略，對他在東南亞史和華僑史方面

17　周佳榮：〈越南漢文史籍解題〉，載氏著：《亞太史研究導論》（香港：利文出版社，1999年），頁84-85。

18　同上註，頁85-86。

19　載莊永明總策劃：《學術臺灣人》（臺北市：遠流出版事業公司，2002年），頁11。

享有國際聲譽,幾乎亦茫無所知。

明史專家趙令揚回憶他輯錄《明實錄中之東南亞史料》的情形,謂「當時《明實錄》一書,絕不易見,幸新亞書院圖書館有錢穆院長私人收藏之梁鴻志於一九四〇年影印江蘇國學圖書館藏嘉業堂傳鈔本。……一九五九年整個暑期,在新亞書院圖書館抄錄有關東南亞之資料,揮汗工作,可謂艱辛,但如果沒有圖書館何家驊先生及東南亞研究室主任陳荊和教授在行政上及精神上之鼎力支持,有許多技術上之困難,是難以克服的。」又說:「有關明代和東南亞之關係,筆者和陳學霖、陳璋之《明實錄中之東南亞資料》上、下兩冊,於一九六七年及一九七六年出版,對明代和東南亞之研究,予以很多的方便。但明代和中南半島之研究,已故之陳荊和教授,應為這方面的專家,陳教授在學術上的成就,早已肯定,其對年輕一代學者的鼓勵和支持,確為一代之典範。」[20]

必須一再強調,香港學界對東南亞史和華僑史的研究,以一九六〇年代和一九七〇年代最盛,成就斐然,在國際學術界評價甚高。這與陳荊和在香港從事教研工作,實有很大關係。一九八〇年代開始,由於中國內地大力推行學術研究,香港本身雖然未能再創高峰,但發揮了溝通中外學界和促進學術交流的作用。踏入一九九〇年代以後,隨著亞太研究在大專院校的開展,東南亞問題和海外華人社會研究,呈現了一番新的局面。[21]

然而陳荊和對東南亞史料校訂之精,對華僑史鑽研之深,對日本歷史文化認識之廣,對東亞史整體識見之博,學界如欲掌握其學問神髓,恐怕仍需俟以時日。古代中國曾是研究東南亞歷史文化的重鎮,在今日而要恢復其領導地位,必須重視先驅學者的研究成果,陳荊和的論著散見於不同刊物,他編校的史料集流佈於各處,若能加以系統整理,將可發揮更大作用。

---

20 趙令揚:〈近五十年香港地區之明史研究〉,載北京大學中國傳統文化研究中心編:《文化的饋贈——漢學研究國際會議論文集》史學卷(北京市:北京大學出版社,2000年),頁150-151。
21 周佳榮:〈香港的東南亞史及海外華人史研究〉,載周佳榮、劉詠聰主編:《當代香港史學研究》,頁376-379。

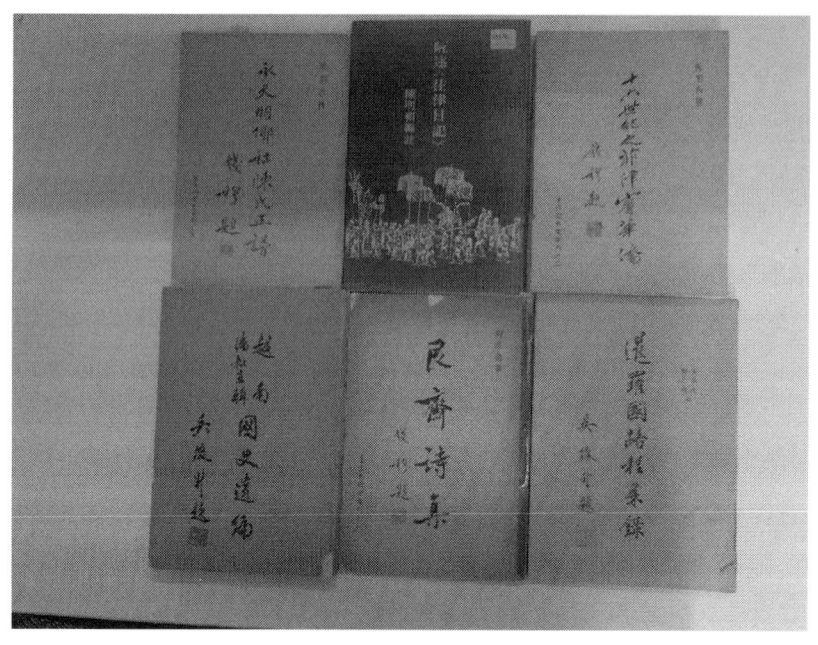

圖一　陳荊和編、著作書影

《承天明鄉社陳式正譜》、《阮述《往津日記》》、《十六世紀之菲律賓華僑》、《越南潘叔直輯《國史遺編》》、《艮齋詩集》、《暹羅國路程集錄》。

二　専論

自唐君毅、牟宗三、徐觀復之文學傳承研擬「詩學」建構

翁文嫻

摘要

筆者在新亞研究所親炙三位老師學問，蒙推選往法國，攻讀八年。回臺灣的大學講詩（逾三十年）。專研現代詩語言的美學變化，因長期鑽研中國古典（碩博士研究李白詩的藝術），再經歷法國詩學洗禮，因此，多能疏解自白話文運動後，語言混雜而生的美學與思維現象，挖掘被質疑、被誤解、卻真正具原創力的詩人。近年更深入《詩經》的轉化，希望釋放孔子詩觀的現代性意涵，建構一個古今能相通，面向國際多元文化的世界性詩學。

消弭古典現代紛爭、融合文學與哲學分界，本來就是新亞研究所精神。論文將特別自個人吸收角度，分別縷述三位老師學問精要與詩學相連部分：

一、唐君毅對（文學或詩學）文章，整理成可供華文現代詩壇參考的論點。例如「中國文字與文法特性」，及「整體境界形成之條件」，「如何真實存在」的命題。

二、牟宗三文字力量詩質辨認——直覺切入；層層思辯的推進。前者若理解為「抒情傳統」顯現，後者則是「存有」的深度把握。

三、徐復觀將時空久遠的各種古籍，變成最有肌膚感覺的當代文字。例如《詩經》「興」義與感情的朦朧關係、《文心雕龍》「文體論」與詩人心靈「現象學」的把握。

三位老師在香港創造的新亞研究所，有如一間詩的「廟宇」，時刻充盈著人類「初心」的感動。論文末部，再介紹一位來自法國的學生朱利安（François Jullien，一九七八～一九八一年在新亞），至今已經造就一個「世界性漢學」。

一　前言：特異的存在──新亞研究所在香港

　　作為一所學校，新亞的空間規模很小。它在香港九龍土瓜灣（在我讀新亞時是工業區）農圃道「新亞中學」的頂樓一層之內，其時中學的校長就常想法子令我們遷移，如此可以完整的變成一所中學。但建築物二樓的圖書館，除中學部學生的書籍外，那兒藏有香港最大宗的綫裝書，除二樓內層還有個小閣樓，真的是「藏書閣」，不知有幾萬冊。以前兼職管圖書的岑詠芳，如今是巴黎國家漢學圖書館的重要幹部。

　　新亞研究所因為是臺灣教育部發文憑的，學生不多，所以新亞沒有什麼經費。名滿天下的新儒家唐君毅、牟宗三、徐觀復三位，還有著名的歷史學家嚴耕望（1916-1996）、全漢昇（1912-2001），拿的是微薄薪水。牟師與徐師直至去世，都沒有在港買房子，一輩子都租屋。徐師過世後，我約見徐師母，她抱著一個電鍋與草蓆，說要搬到更小的單位，那街道的情景還歷歷在目。

　　新亞堅持九月二十八孔子誕辰校慶，一定在那天升起中華民國國旗，光為了這事，他們就不可能與香港中文大學合併。三位新儒家是在文化學術立場上堅決的態度，這也觸碰到香港教育的底線。每年年初一，我們一定齊聚，輪流向各位老師拜年。到牟師家，師母給我們吃紅棗蓮子湯，牟師一定論說當年的天下政局；徐師就一些時事名人行徑論至文化的問題，沒有一人會討論私事。

　　由於新亞文憑在香港沒什麼實際利益，學生便真是為老師們的學問而來，同學之間相處非常愉快，週末常聚在圖書館，高談闊論。據知，許多國外有名的漢學家，都曾有段時間來到香港的新亞研究所。七〇年代後期，中國文革結束，知識青年下放後理想破滅，曾展開大批偷渡流亡，七〇年代末期到港的紅衛兵，他們也到新亞就讀，「傷痕文學」與及對共產制度的反思熱潮，也是這時開始，與新亞有密切的關係。

　　筆者在新亞研究所，親炙三位老師學問，蒙推選往法國，攻讀八年。回臺灣的大學講詩（逾三十年）。專研現代詩語言的美學變化，因長期鑽研中國

古典（碩博士研究李白詩的藝術），再經歷法國詩學洗禮，因此，多能疏解自白話文運動後，語言混雜而生的美學與思維現象，挖掘被質疑、被誤解、卻真正具原創力的詩人。近年更深入研究《詩經》的轉化，希望釋放孔子詩觀的現代性意涵，建構一個古今能相通，面向國際多元文化的世界性詩學。

消弭古典現代紛爭、融合文學與哲學分界，本來就是新亞研究所精神。論文將特別自個人吸收角度，分別縷述三位老師學問精要與詩學相連部分。

二 現代詩學的叩問下，唐君毅師文學觀念之開展

臺灣目前詩壇的評論，斟酌詩內美感成分的多引用西方論述。印象深刻的，如楊小濱用拉岡（Lacan, 1901-1981）、[1]蔡淑玲用法國系列（例如宮籟Chora）、[2]何金蘭用法國社會理論，[3]此外，有追蹤詩人風格的歷史沿革，例如陳芳明、奚密等；[4]另如簡政珍，著重語言的意象變化，也是引用西方理論；[5]廖咸浩近年追源班雅明（Benjamin, 1892-1940）的靈光（Aura）。[6]然則，用中文寫成的詩，背後有沒有一些隱藏的心靈反應，是可以與長久的儒家，或道家情態呼應？

我們今天若引用《文心雕龍》（該不能只引原文，就足以做一個批評的切點；同樣，歷代詩話文字，也是面對當年時代中的詩意；同樣，西方詩論也是面對他們自己社會的詩作發言），因此，我們該如何產生自己的詩學論

---

1 參楊小濱：《欲望與絕爽：拉岡視野下的當代華語文學與文化》（臺北市：麥田出版社，2013年）。

2 見蔡淑鈴：〈聽，那萬流匯聚的「中界」──從克莉絲蒂娃的「宮籟」探主體的異化與論述的侷限〉，《中外文學》30卷8期（2002年1月），頁158-182。

3 何金蘭：《法國文學理論與實踐》（臺北市：秀威資訊科技事業公司，2011年）。

4 參陳芳明：《臺灣新文學史》（臺北市：聯經出版事業公司，2011年）；奚密：《現當代詩文錄》（臺北市：聯合文學出版社公司，1998年）。

5 參簡政珍：《臺灣現代詩美學》（臺北市：書林出版公司，2022年）。

6 參淡江大學中文系二〇一八年五月十八日「第十七屆社會與文化國際學術研討會暨第十屆兩岸四地當代詩學論壇」，廖咸浩演講：「重返靈光：本體詩學與現代詩」。

述？筆者在過去多年，雖然涉足及二、三十家的詩人語言創新部分，[7]也大多只能沿詩意空間疏理，慢慢覺得身上哲學修為不足，所以難在實際批評上孕育自己用的批評觀念，而且可以被別人引用。

若將這現代詩的評論背景，來閱讀唐君毅師的文學評論，馬上發現，他的文學世界，是西洋名著與長期中國古典的閱讀，由於面對中文語境，說的是有哲學力度思考過的論點，尤其能將中文特性、華人長久相傳、知而不覺的「美感」，說得很清楚。根據近年來研究，下面分別就四項要點回應：

（一）唐師重視文字「知性主體」的建立

唐師注重各門學問「知性主體」的建立，討論文字的分量，中國文字的特性，這角度與漢學家葉維廉對東西方語言的討論，[8]與高友工（1929-2016）對東方人美感來源的「經驗之知」與抒情傳統的精神，[9]是一致的。

我們驚喜在新儒家唐君毅師論述內見到。他說中國文學的單音性格，便於分合增減，以適合句之長短音節，故特富「音樂性」：

> 中國文字為單音，故一音一字一義。字合而成辭，辭分又為字，因其便于分合，故行文之際，易于增減諸字，以適合句之長短與音節。由是而中國之詩、詞、曲、散文等皆特富音樂性。[10]

---

[7] 參翁文嫻：〈「變形詩學」在漢語現代化過程中的檢証〉，《國文學報》第49期（2011年6月），頁219-248。亦見翁文嫻：《變形詩學》（北京市：北京大學出版社，2013年），頁11-40；後以〈「比」→「變形」：「變形詩學」在漢語現代化過程中的檢証〉之名，收入翁文嫻：《間距詩學：遙遠異質的美感經驗探索》（臺北市：開學文化事業出版公司，2020年），頁190-232。

[8] 翁文嫻：〈葉維廉詩學對東西語言材質特性之開發〉，《東華漢學》第19期（2014年6月），頁433-454。

[9] 高友工：《中國美典與文學研究論集》（臺北市：臺灣大學出版中心，2011年）。

[10] 唐君毅：〈中國文學精神〉，《中國文化之精神價值》（臺北市：正中書局，1953年），頁236。因引用頻繁，故下文以隨文註呈現。

因為這樣的單字單音，可表獨立意義或觀念，書內還說：「西人多音一字，故成念遲，華人一字一音，故成念速。」唐師引申說：「成念速，故念易寄于字，而凝注其中。」又說：「文字對吾人之外在性與阻礙姓，因而較少。人對文字親切感，因以增加。」(《中國文化之精神價值》(頁二三六)

　　唐師認為，中國文字的單音意義，與作者產生「親切感」，又善於「凝注心念」。雖然這是自古典詩閱讀而來，但若唐先生不熟悉西洋文學，猶如以前的古詩解讀者，就不易體會。而現代詩作者，若沒有長期閱讀古詩，與及習慣哲學思考，也不易將文字的特性說出，所以，這段文字的特性論述，彌足珍貴。另外，筆者感到更重要的，是這段引申的話：

> 由是而在中國詩文中，以單個文字，分別向外指示意義之事又不甚重要；而互相凝攝滲透，以向內烘托出意義之事，則極為重要。夫然，中國文學之重形式，對創作者言，即為收斂其情緒與想像，而使之趨於含蓄蘊藉者。而對欣賞者言，則為使讀者之心必須凹進於文字之中，反復涵泳吟味而藏休息游其中，乃能心知其意者。(《中國文化之精神價值》〔頁二三六〕)

在這兒，說出由於中國詩文字的特性，好的詩並非「向外指示（說明）意義」，而是「字與字之間互相凝攝滲透烘托意義」。每個字與詩人的心念起伏，息息相關，沒有多餘雜生的字，每一個字都富於心念的凝注。如此，詩內的每一個字，形成詩的主體，將如何辨認？分判由現代的白話句法，與及古文句法所構成的現代詩的美感？這應該是另篇長文，加入西方詩學的觀念，才能透視清楚。

（二）「互相具體存在」的「為人之學」是一切學科之首

在〈人的學問與人的存在〉[11]一文內，唐師特別注視人與人需「互相具體存在」，這可與沙特（Sartre, 1905-1980）〈存在主義與人文主義〉[12]一文並看。而「具體」可以轉化成華人的生命特性。

唐師在這篇文章中，多次提及，太抽象主義與理論不足以重建中國理想的社會。他說對中國人而言，需要「作具體的思維，由具體的努力，在具體的實踐中，不斷修改其思維所成之一切計劃方案，以求具體的實現，而完成中國個個具體的人之生活與人格之提供與充實。」（《中華人文與當今世界‧上》（頁一一四）由是，先生將文學藝術的學問，放在哲學之上（他的排序：一、為人之學；二、歷史；三、文學藝術之學；四、哲學……），他認為，文學藝術內容，皆是「具體特殊的事象，至少為一想像意境中之存在」（《中華人文與當今世界‧上》〔頁九三〕），這個意境，是文藝作家根據實際生活情狀，重新「意構」，因此更能呈現人的價值。

個人認為，唐先生整套學問，十分重視人在世界中，「如何真實存在」的命題。唐師寄望：那些在實驗室與書齋的知識分子，去崇敬無專門學問人的各種至情至性表現，人心才能放在「真正之平」處。又云：「此事之完成，最後有待於人類之新禮樂之建立。但亦可由每一個人之當下的心情中，於此有一覺悟開始。」（《中華人文與當今世界‧上》〔頁一一○〕）

如何體會當下的心情，又如何覺悟？這聖賢學問的起點，有關當下的存在狀況，我們不得不連至文學。

如果提及真實的「存在」問題，當代新儒家應該不可以略過，最能表述時代心靈的「現在進行中的詩」？揣摩唐師文意，筆者認為：「靈根自植」需透過詩性心靈存在狀況的辯證，而這將會牽出一連串詩學的議題。

---

[11] 唐君毅：〈人的學問與人的存在〉，《中華人文與當今世界‧上》（臺北市：臺灣學生書局，1988年），頁77-121。因引用頻繁，故下文以隨文註呈現。

[12] 〔法〕沙特著，張靜二譯：〈存在主義與人文主義〉，《沙特隨筆》（臺北市：志文出版社公司，1988年），頁105-133。

（三）唐師詩學對現代詩語言創作開展的啟示

唐師在〈文學意識之本性〉[13]內舉例，說〈出師表〉最佳段落，是劉玄德三顧茅廬一段。這時刻，全脫離劉備進行中的軍事規劃，脫離真實歷史，形成一內在隱逸天地的時空。〈桃花源記〉的景象亦然，令人完全忘卻一切時空區劃。他說詩歌尤需如此，「對事空中之定位，尤須加以超拔。」懷古非古，懷遠非遠。唐氏謂文學語言，大異於科學歷史地理之語言。

文學需造出另一個文學時空，這點非常重要，但往往讀者不大能省察。唐先生在〈文學意識之本性〉下篇，提出另外幾項文學的「本性」，筆者認為，與如何造出另一個時空，可以並列而看，成為「造出時空」的條件，以下分言之：

1 文學性格是無因果處的因果

唐師自云，他特別喜愛「文學之完全超出因果觀念的詩文」（《中華人文與當今世界‧上》〔頁二六九〕），他喜歡文學所述的因果關係。他解釋說，因為文學家「先設定人物本性」上的理由，「而其發生為當然且必然者」。歷史上的事，非歷史家所能盡知。但文學家敘述的事，一定是他能盡知，若非他能盡知，則不能成為文學的內容。有趣之處是：這「因果相涵」的現象，完全不是我們俗人常識或歷史已經如此的因果，而是透過「一人一物一事」被文學家設定的因果，它超出一般因果之外，因而能造出另一面時空。（《中華人文與當今世界‧上》〔頁二七〇～二七一〕）

2 無因果處的因果與詩文內整體境界之形成

由於文學因果不同一般俗世的因果，唐師申論：凡為一境物的呈現條件，皆可為因；則一境界中一切事物，互為呈現的條件。事物若能既同類又

---

[13] 唐君毅：〈文學意識之本性〉上、下二篇，分別見於《中華人文與當今世界‧上》，頁244-265、266-298。

不同類,有疏有密,造出的境界才能充實豐富。反之,若境界內物都是同類,例如全是高山萬仞,山上與山下相類,這境界便會貧乏,今如詩云:「一片孤城萬仞山」,山的萬仞與孤城之一片,皆能彼此撐開,「如實呈現於吾人之心目矣」(《中華人文與當今世界・上》〔頁二七九～二八〇〕)。又如李白詞:「西風殘照,漢家陵闕」唐氏特別有詳細分析:

> 西風殘照者,自然之物;漢家陵闕者,人世之遺,此則不相類。又西風自是風,殘照自是光。又不相類。言西風殘照,只言當時之所見;言漢家陵闕之屹立,數百年而尚在,則兼懷古之情。此亦不相類。然此懷古之情,又由當前所見之陵闕而生,此西風殘照之所照,即是此懷古之情所自引起之陵闕,又見三者未嘗不相類。由是而此西風殘照,漢家陵闕八字所彰顯之一境界,即為相類而又不相類、而未嘗不相類之三物所合成之一全體,亦依其中之相類處,與不相類處之錯綜,而顯為有結構之具個體性的境界。(《中華人文與當今世界・上》〔頁二八一〕)

唐師能體會這些物象之同異,應該是將句子內每一個字的屬性、方位、類型都凝住辨認,考察它們之間的「滲透烘托之意義」。這些讀詩方法,古人在不斷吟詠中得到,今人若不再吟詠,便需靠哲學家反思的能力,說出其中美或不美的關鍵。

3 間隔與虛無對於美感空間的作用

唐師認為,美感是需要凝住此審美對象中,「使之如自其周圍環境之其他事物中,脫穎而出,若相間隔,與之有一距離,以昭陳於吾人心目之前。……」[14]

他舉中國詩內虛無之用,會產生王漁洋所言「神韻」。如張旭「隱隱飛

---

14 唐君毅:〈間隔觀及虛無之用與中國藝術〉,《中華人文與當今世界・上》,頁347。

橋隔野煙」，又如蘇東坡「牆外行人，牆裏佳人笑」。他說王漁洋的「神韻」無確解。他解為：「聲音往而後來，即成韻，妙萬物而運行無滯，謂之神」。（《中華人文與當今世界‧上》〔頁三五三〕）

以上種種說法，皆需細細體察詩文內每一文字的分量，才容易明白。

（四）小結

本文嘗試整理唐師的文學觀念，特別重視他所提〈文學意識之本性〉上、下二篇文章。法國喬治‧布萊（Georges Poulet, 1902-1991）有《批評意識》[15]一書，其中囊括了當代重要的一流評論家與詩學家，如沙特（Sartre, 1905-1980）、羅蘭‧巴特（Roland Barthes, 1915-1980）、巴什拉（Bachelard, 1884-1962）、史特羅賓斯基（Starobinski, 1920-2019）、莊皮亞‧李察（Jean-Pierre Richard, 1922-2019）等……[16]，「意識」研究的進路，自法國的批評著作中，是非常深入且精微的角度。唐師沒有提出個別的批評案例，但他勾勒一個大的文學「本性」之範圍，而用到「意識」一詞，在中文批評領域，有突出而創新的意義。

尤其觀察唐師揭示的各項內容：知性主體、文字分量、另一時空、無因果處之因果、不同的「類」互相凝攝滲透形成境界、中文不擅指示意義而擅向內烘托意義、儒者能流通而環抱、仙境高於神……。這些觀念，每一種都可以運用到現代文學的評論中，尤其我們文學家素養，已大多參入西方各文學流派，卻仍以華文創作，特別在詩的領域。那些不自覺而出現，根深蒂固的語言特性，當我們追探各詩人「意識」狀態時，唐師這些經過哲思蘊釀而

---

15 〔比〕喬治‧布萊著，郭宏安譯：《批評意識》（南昌市：百花洲文藝出版社，1993年）。
16 關於史特羅賓斯基之「凝視詩學」討論，參見翁文嫻：〈「比」義在現代語言結構中的硬度──再論周夢蝶詩〉，《間距詩學：遙遠異質的美感經驗探索》，頁245；莊皮亞‧李察部分，則見翁文嫻：〈評論可能去到的深度──介紹法國詩論家莊皮亞‧李察（Jean-PierreRichard）對波特萊爾處理的效果〉，《創作的契機》（臺北市：唐山出版社，1998年），頁3-32。

出的觀念，便有廣大包涵與揭示真相的能力。

一九六四年，唐師於〈花果飄零及靈根自植〉[17]，針對當年整個時代的崇洋風氣，提出「靈根自植」這個詞。他認為，若我們能「上存在於天，下存在於地，外存在於人，內存在於己」，使天地人成為我們生命存在的「四至」，這才是完善的解決之道。但每個個體的靈根，如何能被自覺而凸顯？是攸關如何「開始」的問題。[18]沿此蹊徑，試了解「難懂」的現代詩，那些現代詩人，同時揭示了時代某刻「真實的存在」，不自覺自深層意識所去到的世界，因為創造了重重的光景，令我們留連不已。達到如唐師言「由每一個人之當下的心情中，於此有一覺悟開始」[19]而這刻刻的覺悟，或許能差可以慢慢令「靈根」滋長。

三 牟師文字力量詩質辨認——直覺切入與層層思辨的推進

（一）「情」與「存在感覺」的分辨及把握——一個現代詩語言角度的思考

作為一個研究詩語言訊息的人，牟師的文字先是令我感動、驚跳，然後是許多不能解決的問題。

但這文字不只是有風格而已，它還包含一股極大的吸力，某些我不能一下子分辨、說明白的事物。以前，就曾以牟師的文學見解，寫過〈牟宗三對文學批評的啟示〉[20]，也曾以「空間感與存在深度」[21]，試著說明牟師的文

---

[17] 唐君毅：〈花果飄零及靈根自植〉，《中華人文與當今世界・上》，頁38-68。
[18] 見唐君毅：〈存在主義與現代文化教育問題〉，《中華人文與當今世界・下》（臺北市：臺灣學生書局，1988年），頁153。
[19] 唐君毅：〈人的學問與人的存在〉，《中華人文與當今世界・上》，頁110。
[20] 先後收入翁文嫻：《創作的契機》，頁117-141；《變形詩學》，頁330-347。
[21] 參翁文嫻：〈牟宗三文字的空間感與存在深度〉，香港《聲韻詩刊》總第44期（2018年11月），頁16-21。

字狀況,但覺得「空間」與「存在」的問題,別的好文字作者也具有,這些形容觀念並不能解決我心內的疑惑。

當代儒家系譜裡,最易列入文學行列的自然想到徐復觀;過來,我們或懷念程兆熊(1906-2001)那些很有情味的《山地書》[22],唐君毅的《人生之體驗》[23]也夠迴轉動容;梁漱溟(1893-1988)的《人心與人生》[24]亦清通可喜。筆者個人文學事業上是受到徐復觀師很大的啟發,但總不明所以地,極喜愛牟師的文字。他龐大「學統」內幾十部不同領域的著作,當然很多是看不懂的,但每當用力進去幡然了解時,除卻內在義理森然之結構好像被他重新調整外,四周前後,彷彿一直在伸展一些未見過的領域,鑄滿了他特造的詞,每一個詞我在懇切地認知時不斷在新增我的「經驗」。[25]意外的愉悅,就猶如讀一首很好的現代詩。

多年來,個人對現代詩語言的研究,慢慢孕育出一個雛型架構,仿效朱熹對詩經的「賦、比、興」分類模式,試著將現代詩人各種有創作風格的語言分成「敘事」、「變形」、「對應」三類,[26]而各類族群再追蹤其新創造的語言模式、內在的思維狀況,以致文化背景的影響效應等等。特別在變形詩學[27]方面,縷述了系列將慣用語言改造的詩人,他們一般不易被讀者接受,但在漢語的現代表達方面,算是開疆闢土,不斷為族群的心靈拓寬領域,他們被疏離誤解,其實非常可惜。在西方文化、思維影響下論中國的事物,首先面對的,是中國的抒情傳統。

在「抒情」的傳統特性下,「變形」問題才見出歷史的意義。尤其牟師的文字,也許在一個更專業的角度,才能一一比對出其特異點、歧出文化的遠距離點,一如那些不被理解、卻令人相當迷惑的詩人們。

---

22 程兆熊:《山地書》(新北市:華夏出版公司,2022年)。
23 唐君毅:《人生之體驗》(臺北市:臺灣學生書局,1989年)。
24 梁漱溟:《人心與人生》(臺北縣:谷風出版社,1987年)。
25 此處是稍微借助於詮釋學者伽達瑪的說法:大意是詮釋一個經典文本使我們向新的經驗開放。
26 參翁文嫻:《間距詩學:遙遠異質的美感經驗探索》。
27 參翁文嫻:《變形詩學》(北京市:北京大學出版社,2013年)。

傳統如何接駁翻新？筆者站在詩學研究的立場，覺得中國文字從文言改向白話，二者的性格，有很大的差異，國人如果未能知其情狀，那麼對自己靈魂深處的感性狀態，也是不能把握、不能表達。

　　中國古典詩所用的文字，例如唐詩律體，每聯自成一單位，切斷了與現實世界的連續性。如杜甫律詩〈春夜喜雨〉，其中「野徑雲俱黑，江船火獨明」，當二句並列成聯時，我們一面意識有「野徑」，同時也出現「江船」，並列地看，「野徑」有如江上一小船，「江船」的搖晃亦一如徑之「野」。瀰漫野徑上的雲已黑，那麼，為何江船內有一燈火獨明呢？這些並列的遐想，可以沒完沒了。而且，句子也不決定何時何地，哪類雲哪些火，完全不切現實，這些景物一瞬呈現，彷彿可以脫離實指義，永遠存於天地間。作者的「情」，便恍似片刻與天地氣息運行，直接與之結合無間的一種「情」。

　　文言的句法，擅長呈現而非指涉，各自成象，象與象間可以意會，但白話文的結構，一定有主、賓語、關係連接詞、也有確定的形容詞。古詩的優點在早期的白話句法中是無法達致的，因而白話詩多變成隨心靈線索而出現虛象，詩人多改造語法的邏輯，令他更能配合內在的指向、需求，存在的深切感覺。詩是到這個時候，才有所謂難懂，而開始被社會人士詬病。

　　在古體詩中，詩人意識中的山河大地，遙遠的經驗或未經驗事物，可以從心所欲，全移至眼前，變成一當下可見可觸之畫面。如李白「一夜飛渡鏡湖月」看見「霓為衣兮風為馬，雲之君兮紛紛而來下」。我們讀這些詩，絲毫不以為怪，因為在古文句中，語詞令虛景移到眼前是沒有文法隔閡的。

　　可是，從文言變白話卻全不是一回事。當洛夫（1928-2018）說：「我的面容展開如一株樹，樹在火中成長／一切靜止，唯眸子在眼瞼後面移動」（〈石室之死亡〉）。在古詩「人面如樹」也不是沒有，但清楚說明這張人臉慢慢展開，像看見它終於變成樹，這畫面卻太超乎現實地驚人，（只因為白話句型造就了此效果），現代詩人要表達如李白、屈原心中一大片虛擬的風景，如果又要維持句子的凝聚力，就得要變更白話語法。

　　臺灣的現代詩，曾發展出多種句型，運用白話的主賓語特性，在詩內達至更深的「存在感受」。這些詩中「情」，更見到詩人對自己生命的種種變

化,盡力確切把握。牟宗三對於「生命」與對「存在」的狀況,曾說過:「不打落到『存在』的領域上,是不能接觸這種學問的。存在的領域,一是個人的,一是民族的。這都是生命的事。」[28]

若要避免「抒情傳統」中的「情」,因白話文「我」(執)之出現,而掉落狹隘小我的情,我們需借牟師文字的觀念,對存在真相之體會、對生命學問內轉向上的追求,「情」才能因而得潤澤擴充。

(二)牟師文字在「抒情」領域內的擴展

好詩人不斷更動疲憊的語法,在新的文字擺置中承載出新的感知領域。牟師文字所觸及的點、所生發的力度,恰恰能勾引我們內心隱匿卻久已期待的事物,碰到一個龐大族群生命體很內裡的一面。

牟師的文字之美,有三部書特別明顯,那是《歷史哲學》[29]、《生命的學問》[30]、以及《五十自述》。特別是後者,這部傳記體的散文作品,除了供後學大量資料研究牟師學思歷程外,吾人擬自文字的訊息,試探其與物接遇時的取捨、反應、與思考的層次。

以下,試以三項內容,分述書內閃耀如好詩一樣的詩文字特質:

1 文字背後伸展的東西方遙遠疆界

《五十自述》最早為後學注意的,應該是這一代儒家自述其什麼年歲讀些什麼書。自書目排列,我們隱隱看到自清朝至民國這一個大時代的轉換。牟師入北大哲學系,讀羅素哲學、數理邏輯。興趣則專門在「易經」與「懷悌海」的研讀。他讀《易》是「大規模的讀」,自漢易諸家,至晉宋易至清

---

[28] 牟宗三:《五十自述》(臺北縣:鵝湖月刊雜誌社,1989年),頁89。因引用頻繁,故下文以隨文註呈現。

[29] 牟宗三:《歷史哲學》(臺北市:臺灣學生書局,1978年)。

[30] 牟宗三:《生命的學問》(臺北市:三民書局,1975年)。

代易學一直下來，大學畢業一年完成《周易的自然哲學與道德涵義》[31]。

讀易之同時，他潛讀懷悌海，東西方不同時代的哲學美文，一名大學生可以「隨讀隨消化，隨消化隨觸發」(《五十自述》〔頁五一〕)，儒家的易經是這樣地被新時代青年，用另一種西方的背景來消化理解，因而讀出長時間忽略的「義、和之官的智學傳統」(《五十自述》〔頁五十〕)。

這民國以來的儒者，透過他自身的詮釋主體，我們彷若經歷到二千年前孔子造就的儒家傳統，而且是一步一腳印地走入現代社會，走到國際交會點，向西方輝煌的智者群隊說話。牟氏開創出「新儒家」內涵，不只包括佛家學問、道家學問，同時令我們記得，這名儒者的意識領域已去過柏格森（Bergson, 1859-1941）、杜威（Dewey, 1857-1952）、達爾文（Darwin, 1809-1882）、羅素（Russell, 1872-1970）、懷悌海（Whitehead, 1861-1947）、柏拉圖（Plato, B.C.429-347）、亞里士多德（Aristotle, B.C.384-322）、笛卡兒（Descartes, 1596-1650）、斯賓諾薩（Spinoza, 1632-1677）、萊布尼茲（Leibniz, 1646-1716）、康德（Kant, 1724-1804）、黑格爾（Hegel, 1770-1831）、海德格（Heidegger, 1889-1976），而且深入聖多馬（St. Thomas Aquinas，約1225-1774）的「神學」。

新儒家之所以為「新」，從此是包融了西方人腦袋中最內質的，那個哲學世界。《五十自述》並不只告訴我們讀過這些書，而是令人自文字空間內，摸到那些有異於這族群常見的思維方式。

我們驚訝於作者的行徑和想法，他為何能這樣判斷？思維程序怎麼可以如此？種種異於習慣之外又有無限啟示的事物，正是我們日用中較陌生的道家、佛家、及一大串西方智者，他們深度意識所翻新過的儒家文化。他更新、擴大了我們的觀念，而且是從感受中來的、不知不覺的、一種文學的驚喜情懷。

---

[31] 牟宗三：《周易的自然哲學與道德涵義》（臺北市：文津出版社公司，1998年）。牟宗三在北京大學哲學系三年級時（1932）完成此著，原名為《從周易方面研究中國之玄學及道德哲學》，在臺灣重新出版時，改為今名。

2　物象描述的「陌生感」——邊緣、野性、與蒼茫

自讀書範圍，沒人否認牟先生是一名儒家，但《五十自述》中書寫的行徑，令讀者低迴流連之際，我們卻很難與一般社會上稱道的「儒」氏們連在一起，要不就是社會人對「儒」的定義太狹隘因循，不然，就是牟師確應在儒家之上再加一個「新」字，他的行為，更新了老舊包袱的儒門。

先不言他的書寫方式，光是題材的選擇，就令人怪異。例如童年生活，一般人都愛記憶如何的胡鬧頑皮，與「大人」世界的相訐，但牟師寫出一段，可能在所有作家童年記趣中都不可能出現的。七、八歲時，他拿一塊肉骨頭在溪邊捉魚，看到清溪中一群一群的小魚浮在水面晒太陽，不知不覺，跑進一片梨樹林裏：「密不通風。陽光從枝葉微隙中射進。我順著梨樹行列所成的蹊徑，穿來穿去，信步而走。看不透邊際，見不到出口，葉之茂盛，花之潔白，蜂蟲嗡嗡，彩蝶翩翩，把小魚跳動的景象又給迷糊了。又是蠢動，那是幽深，又有點窒息。那是生命之蘊蓄，混沌而迷離。」（《五十自述》〔頁八〕）

作為一個小孩誤跑進梨花林是常有的事，但他躲在裡面一陣子不出來，直至五十歲時，體會出這時是一種昏沉迷離、鬱而不發的混沌的生命狀態，將這山東煙臺的無名梨樹林寫得令人永遠記得。

好的文學家會不斷擷取那些含豐富意涵的畫面，牟師說這些只對他個人言是一道清光。但如果有強大的切入力量，這生命的挖掘，可能便不是個人，變成這時代、甚至不同時代人士的共同可感應的生命。小孩被沉沉的梨花園包裹，這一篇內，還有寫到斜陽下奔波的趕馬者，馬戲團裡繞廣場的女生，這些畫面被剪貼時，刀法非常準確，重要是加上三兩語的解釋，他的心意便遠遠超出一般人的預期，成就出一種了「詩質」的意外。

十五歲以後，牟氏離開家鄉到縣城求學，自言是「生命離其自己的發展」，從此，並不順著原有的音調背景、做個野人、農夫、開店者、或走江湖的趕馬者浪蕩子，他經過了一「曲」，成就出後來龐大的學問體系。但通過本書自述，我們可不斷見到少年以前的角色，隨時隱現，尤其處身於文人

雅士教授群中，一點野性與邊緣的選擇，對於未來「新儒家」的內涵，饒有意義。

書內第五章有引述契爾克伽德（Kierkegaard, 1813-1855）的話：「沒有一個世代的人能從前一代學知真正的人生，由這方面來看，每一世代都是原始的。」因契氏的話牟師悟到，真正的人生都要從頭做起，「這從頭做起的過程就是精神表現發展的過程。體悟而說明這發展的過程，亦即是每一個人都是原始的。」（《五十自述》〔頁十四〕）

《五十自述》處處印證了一名新時代的儒者，是如何慢慢產生。儒者顯現的更重要不是他讀了多少本儒家的書，而是他行止進退，動心忍性之間，呈現了人類原始的良知。讀書人也有讀書人的成見，老師亦有老師行業裡的習氣。為了保持警覺，知識分子似應永遠在邊緣和野氣之中。五十歲之前的牟師生命，恰好有這份在「野」的機會，不被注意，默默觀察整面時代的變動。讀者感受的，並不是作為「新儒家」的風光，而是各種局勢的困惑，哀感，一點點良知的引申是非常艱難的事。

3　生命體的把握與描述──直覺感悟＋辯解的層層推進

上文略選了所寫的幾個事件，都含有邊緣、野性的特色。他完全不是我們所想的路徑，然而並非為了古怪、也不是固意孤僻，只是「不合流」。但這不合流卻揭示出一股另類的龐大真切可感之領域。

如果將「詩的質地」理解為生命體的真實把握（必須透過藝術媒介），好的「抒情」，便能夠如清光一道道切進族群深埋的記憶裡。回到牟師文字，我們發現除了每次畫面令人驚跳振動，他的文字其實是包裹了兩層很厲害的能力，一是直覺切入的能力，另一是層層思辯推進的能力。

牟師的辯解層次，尤其在種種哲學著作中，大家都沒意見。但將這思維狀況用於文學表達，再加上非常詩質傾向的直覺切入畫面，那效果就很驚人。關鍵是，這「直覺」如何出現？為何出現？前此有提到，牟師說過存在的感覺牽連個人與民族兩領域，時刻的存在感──這生命流動的學問。文章至此，我們又記起那個「抒情傳統」，論語說：「古之學者為己。」，「己」，

應是不斷反思的生命存在之各面,不忌諱、無羞無懼地面對。全幅的疑惑之情,卻是需一輩子的學養、學問來理解。這就是我們的「道統」,時刻有感觸,時刻興發抒感的「情」。

由於生命氣性上不斷有變化,時代個人的遭遇亦不斷有衝突與難題,在白話文中,主體「我」幾乎在每句的動念存在,因而,自省的意識在這類句法中特別容易顯現。牟師文字的吸力,往往在刹那直覺感悟畫面中,加入他學思修為出現的感觸與見解,別人可能只有兩、三次自省反覆,但他卻有十幾次的起伏,因而變得個性鮮明。

我們且閱讀〈文殊問疾〉一章,這一節奇異的生命觀照的豐富層次:

> 到了晚間,一切沉靜下來,我也在牀上安息了。但是睡著睡著,我常下意識地不自覺地似睡非睡似夢非夢地想到父親,想到了兄弟姊妹,覺得支解破裂,一無所有,全星散而撤離了,我猶如橫陳於無人烟的曠野,只是一具偶然飄萍的軀殼。如一塊瓦石,如一莖枯草,寂寞荒涼而愴痛,覺著覺著,忽然驚醒,猶淚洗雙頰,哀感宛轉,不由地發出深深一嘆,這一嘆的悲哀苦痛是難以形容的,無法用言語說出的。(《五十自述》〔頁一四七〕)
> 我總是喜歡獨自跑那荒村野店、茶肆酒肆、戲場鬧市、幽僻小巷。現在我的現實生命之陷於『沉淪之途』又恰是順著那原有的氣質而往這些地方落,以求物質的接引,得到那『平沉的呈現』。那裏是污濁,亦是神秘;是腥臭,亦是馨香;是疲癃殘疾,顛連而無告,亦是奇形怪狀,……《五十自述》〔頁一五一、一五二〕)
> 我觀照著我的一介一塵一毛一髮的要求舒展與呈現,我讓它全部得到滿足,無一讓它窒塞乾枯而歸梏亡。我觀照著我的沉淪交引,看至於何極。(《五十自述》〔頁一五三〕)
> 那時,你的良知本體完全不能作主,不能盡其主觀之潤,你將澌滅於這沉淪中而悲劇以終,如一棵乾草,如一塊瓦石土塊,……(《五十自述》〔頁一五三〕)

這種縝密的牽引，令讀者據其線索，同時靜靜回顧，有某個生命時刻我們或將如此。牟宗三發出的力度是無對象的，而他哲學式分辨的層面與各方角度，好像教我們也可以如此自我圓足地把握，那個無明變動的生命，來去無方，一旦捉不著，人就麻木而老了。我想，這是現代文字裡很好的「抒情傳統」之回復。

四　徐復觀師用生命去「救活」那些曾光芒四射的生命

在詩學座標上，如何撲發一名詩人的「創新點」？慢慢明白，所謂「新」，必須有一條本來如是的「舊有」水平線，則我們對於白話文以前二千年的文言文詩學世界，將如何連接？

唐師書內有關古典詩文的閱讀，雖然用的是白話文，但若想轉出現代詩的批評切入點，需要下很大工夫，去擴充那些「三言兩語」的點評內容。等於說，唐先生或標出一個中國自古以來的美學標的，但如何變作「現代詩學」的標的？需要滙通若干西方的詩學內涵，並善用另一位曾在新亞三年（1978-1981）的法國漢學家朱利安（François Jullien, 1951- ）「間距」[32]語言觀，才可避免「張冠李戴」的錯誤。若要說得清楚及「科學性證明」，總覺得「我」自己需要著力的領域，遠遠大於唐師原有的話語。

在這樣的背景下，另一名新儒家徐復觀先生的詩學，馬上跳入眼底。徐氏固然完全以古典詩作材料，但他的古典詩詮釋所用的白話文字，很有現代訊息，而且有科學推理的邏輯。自然，若比較西方漢學家，如宇文所安

---

[32] 朱利安是法國哲學、漢學的思想結合體。曾擔任：法國漢學學會會長（1988-1990）；巴黎第七大學東亞系主任（1990-2000）；法國巴黎國際哲學院院長（1995-1998）；巴黎第七大學教授兼當代思想研究所所長。現任職法國人文之家世界研究學院「他者性講座」教授。朱利安著述四十九部出版，二十四部中譯作品，並已有二十五種語言的譯本。二〇一〇年榮獲德國的漢娜·鄂蘭（Hannah Arendt）政治思想獎；二〇一一年法蘭西科學院因他全部作品而頒予他哲學大獎。他是當代思想家最多外文翻譯的作者之一。朱利安的漢學，稍離開西方人一般的漢學方法，二〇一一年出版《間距與之間》，他提出「間距」這觀念：「繞道遠方，才能重新認識熟悉的事物」。

（Stephen Owen, 1946-）、高友工（1929-2016）、程抱一（1929-）、朱利安（François Jullien, 1951-）等人，在現代性觀念上可能還稍遜。但徐復觀師學術領域跨入思想史、政治與人性的洞測，這些背景，令他對詩人語言的深層靈性「追體驗」，遠非一般詩學論者能及。

徐師在實際批評中，深度詮釋過李白、杜甫、李商隱等大詩人，令人想到，或可將他的詮釋方法與觀念用在現代詩上。他的另些詩學觀念，例如詩詞隔不隔的問題、《詩經》的「比」「興」、文學中「氣」的問題、詩人性情之真與性情之正、文學中個性與社會性的問題、詩的「溫柔敦厚」、文學中想像與真實等等，雖然對象是古典文學，但由於徐師深度有力的文字，令我們可以引申想像，現代詩作品中，有沒有這樣的經典性元素呢？

我是在新亞研究所一九七五～一九七八年，連續上過徐老師的課。想起了老師寫黑板的情景，他的字很肥大，很用力，寫不了多少行，黑板就滿了，而他在縫隙裏繼續寫，有時忘了下面有字，他就在舊字上再塗劃上新的字，整個黑板像「花面貓」，而他是不自覺的，因為他太專注於講解，他太投入於他要說的課文內容了。常記得新亞研究所的星期四晚上，老師講「史記」，窗外一片漆黑，大家都屏息靜氣，他重重的湖北口音，吐著每一個字，由於每一個字所帶的感情太濃重，以致他用力的身子隨著每一句話而前傾，他得用身體、用手來表達他內心這樣深沉的激盪。因為，他所研讀的，是他真正喜歡的，而除卻喜歡外，又帶有一點心意，他要從故書堆的學問裏認識中國的根，他要向人說出我們原來的根，但這句話多麼難說！所以他必須用身體、用手來表達他內心這樣深沉的激盪。我以前在臺灣師範大學也上過《史記》的課（當年教《史記》的陳致平也是名師，編劇瓊瑤的父親），但司馬遷貫徹正義的氣魄，以及他文字裡鐵錚錚的硬朗，我是通過徐老師才曉得。中國的古老東西這樣多，多需要一個像老師這樣的人，用自己的生命來救活那些曾光芒四射的生命。

我又記得上《文心雕龍》的課，劉勰用華美艱深的駢體文，描述抽象的文學理論，任誰讀了都要掩卷睡覺的，但經老師一解，尤其是他一字一字寫在黑板上的那些段落大意，記得我在抄筆記時，是一字一字，抄得驚跳起來。老

師筆下轉述的那些創作過程、審核文章的標準，以致修辭練句要注意的事項，說得這樣透徹。有些我自以為秘密體會到的心得竟被他說出，有些自己一直朦朧的，卻被他清晰勾勒呈現。人說中國沒有文學理論，但在老師詮釋下，劉勰這本書是如此豐富又實際，我們即時就可以借用，用來看現代的文學作品。

有一次夏天的下午，我往訪他請教李白詩，天氣很熱，他叫我進入裝了冷氣的小房間裏。他剛在工作，桌上還堆滿稿紙，師母則躺在床上，笑咪咪地穿著白睡衣，說：「很熱哪！來坐。」我於是坐到師母旁，聽老師仍用他那全副投入的聲調講解，那時，真有份幸福的感覺。因為平日老師請我們同學喝茶吃點心，大家都很開懷，我卻不敢言笑，不知為何我認為只有恭謹才足表達出我對他的敬重。然而那一次，我是可以坐在師母的床沿聽老師講解哩！

他是真正的老師，讀了那麼多書，他是唯一使我重視分數的老師，記得第一次測驗，第一篇報告，我將別人的東西拿來看完又看，研究為何自己達不到老師的標準，那份認真之情，朦朧地若回到小學那個階段。終於，我一步一步的，付出的努力，我得到了老師給的最高的分數，自覺這是求學期間，一段堪稱完美的回憶。

個人以為，我們應重新整理徐復觀先生的古典詩學，以現代詩的發展作為「提問視域」，與及朱利安「間距」[33]、「去相合」[34]、「從存有到生活」[35]，與及「資源」[36]等等觀念，活化徐復觀先生的詩學。初步構想如下：

一、徐師對「比」、「興」的詮釋及其現代延伸之意義。

多年前，筆者撰文〈「興」之涵義在現代詩創作上的思考〉[37]，就曾引

---

[33] 見〔法〕朱利安著，卓立譯：《間距與之間：論中國與歐洲思想之間的哲學策略》（臺北市：五南圖書出版公司，2013年）。

[34] 見〔法〕朱利安著，卓立譯：《去相合：自此產生藝術與暢活》（臺北市：開學文化事業公司，2018年）。

[35] 見〔法〕朱利安著，卓立譯：《從存有到生活：歐洲思想與中國思想的間距》（上海市：東方出版中心，2018年）。

[36] 見〔法〕朱利安著，張君懿譯：《沒有文化同一性：我們捍衛文化資源》（臺北市：開學文化事業公司，2021年）。

[37] 一九九四年發表於臺北師大「第一屆經學會議詩經研討會」，後收入翁文嫻：《創作的契機》，頁71-99。

用徐氏非常精彩的,有關「從詩的本質來區別賦比興」一節:

> 人類的心靈,僅就情的這一面說,有如一個深密無限的磁場;「興」所敘述的事物,恰如由磁場所發生的磁性,直接吸住了它所能吸住的事物。因此,『興』的事物和詩的主題的關係,不是像「比」樣,係通過一條理路將兩者連結起來,而是由感情所直接搭掛上、沾染上,有如所謂「沾花惹草」一般⋯⋯

這種因為情的「不可探測」狀態,無因由地與物象沾搭的關係,我們可參考朱利安「從存有到生活」內連串有關東西方詩學的詞組內涵,重新解釋「比興」。筆者以前文章還並未涉及朱利安的學術,這時可以更進一步了解「比」、「興」,在世界修辭系譜中的角色。

二、徐氏對「溫柔敦厚」的詮釋,與朱利安「虛位以待」、「調節」等觀念並看。

三、徐復觀「文體論」、文學中「想像與真實的關係」之詮釋,與朱利安另一本書《本質或裸體》、《進入思想之門》內,有關西方人身體觀與他方世界對「本質」的想像議題並看。

徐先生對文學與美學的見解,近人研究不少,但都集中在中西美學的比較,或他對古典文學的貢獻上。個人卻是透過長期現代詩研究、法國當代詩學解讀,以法國漢學哲學家朱利安「間距」觀念處理現代詩學種種問題。

回顧當代幾位新儒家,牟宗三、徐復觀、唐君毅三師,他們的文學修養都很好,但他們的事業並不在文學。徐先生寫過許多文學的評論,但對象也全是古典文學。因此,我們或可以沿著他們的工作,嘗試找尋他們的文學「觀念」。未來二十年,現代文學如何與古典接軌,如何將古典的中國特性用世界的文藝觀念說明?可能是一條廣闊的大道,我們願在此位置上盡些綿力。[38]

---

38 參個人著作:《創作的契機》(1998年)、《變形詩學》(2013年)、《間距詩學:遙遠異質的經驗美感探索》(2020年)。個人也在成功大學中文所開設「《詩經》的現代轉化」、「《詩經》的現代轉化——比興研究」。另外,個人詩學理論,亦可參蔡林縉:〈「去相

五　結語：三位老師傳承下的「詩學」輪廓

　　上文簡略回顧了個人在三位老師門下的吸收：唐師的各種具體詩學意見；牟師的「存在」感如何開拓了情感真相；徐師在古今轉換間的全幅生命力度。最後出現朱利安這名新亞學生，筆者認為，經典（詩學）的現代轉化，非得需經過朱利安「間距」觀念的洗禮。

　　筆者曾撰文〈《現在詩》與「去相合」〉[39]，疏理「間距」的上游觀念「去相合」。朱利安在「去相合」中認為：一、當下時刻在流動中是不停地流逝；二、我們需不斷細察，將體會到，那令生活變得可能的能力，甚至是來自相反的拆解原有的生活模式。此外，朱利安《從存有到生活》[40]，』二〇一八年中譯出版，這本書有二十組東西方對疊的詞，例如「虛位以待」（自由）、「調節」（啟示），有全面地刻劃東西方的思維狀態、審美觀念。特別對於詩學修辭問題，有好幾章涉及，如「暗示」（寓意）、「曖昧」（多義性）、「之間」（之外）、「興發」（平板）……，以這些觀念，重讀唐君毅老師或徐復觀老師的文藝理論，對於中國美學與詩話的切面，或將有更清晰的理解。

　　經歷這番具體的東西思想之「間距」，朱利安在二〇一六年提出一個更方便的詞彙：「資源」。他認為各國文化是沒有明白說出的「同一性」，「我的文化」是不斷成長建造中的事件，是靠每一位個體去「活化、捍衛」這些資源。[41]「資源」不是隨處可得，特別是相沿已久被名資源的事物（例如一直以為是經典的傳統文獻），在某一時代，某一種空氣裡可能是「垃圾」。如何將一切曾發光的事物，或還未有機會出現發光的事物，將它變成資源，是一項非常值得研究的學問。

　　　合」的詩意實踐：翁文嫻詩學論述探研〉，《東華漢學》第37期（2023年6月），頁157-208。
39　收入張君懿等編：《大臺北當代藝術雙年展．第一屆：去相合——藝術與暢活從何而來？》第2版（新北市：臺灣藝術大學，2016年），頁133-142。
40　〔法〕朱利安著，卓立譯：《從存有到生活：歐洲思想與中國思想的間距》。
41　參朱利安二〇一六年十一月九日成功大學中文系演講。〔法〕朱利安著，卓立譯，翁文嫻整理：〈讓我們捍衛文化資源〉，《成大校刊》260期（2018年9月），頁78-87。

圖一　　　　　　圖二　　　　　　　圖三
徐復觀（1904-1982）　唐君毅（1909-1978）　牟宗三（1909-1995）

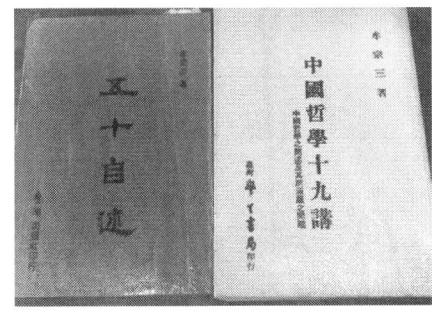

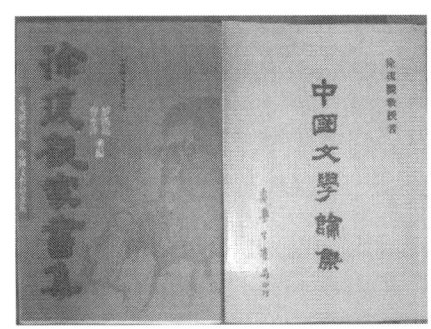

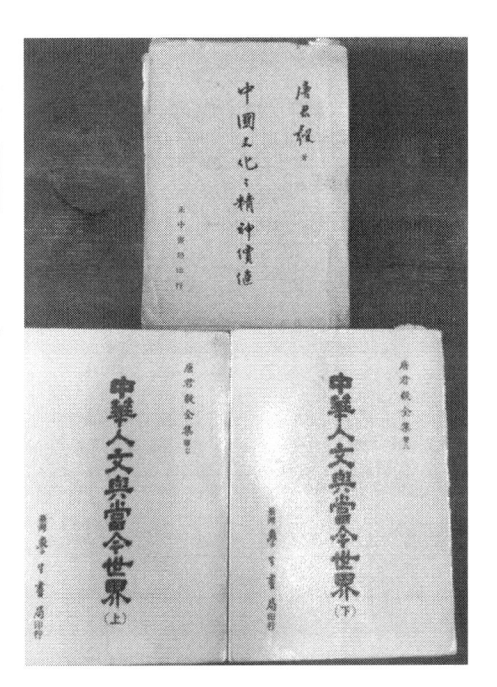

圖四
三位老師的著作書影

圖五
第十一屆當代新儒學國際學術會議
——紀念牟宗三先生逝世二十年

圖六
牟老師雅興
牟老師每天下午散步到新亞研究所，找學生下圍棋。

圖七
牟老師喜好
牟老師最喜歡在新亞的圓亭上面坐。

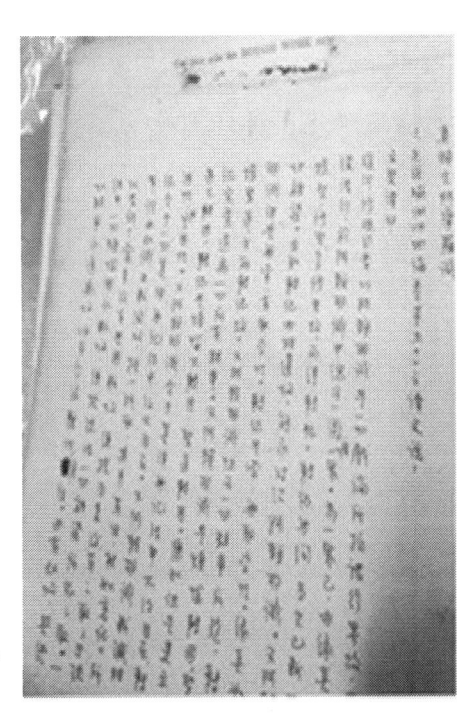

圖八
牟老師手稿

圖九
牟老師故居
過前面一條馬路就是新亞研究所。

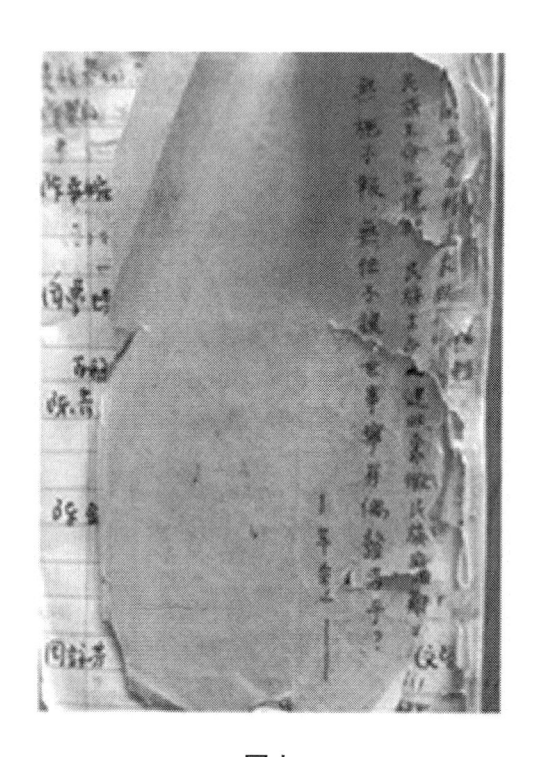

圖十
牟宗三《五十自述》(1988)
「學術之暢通象徵文化生命之順適，文化生命之順適象徵民族生命之健旺，民族生命之健旺象徵民族魔難之化解。無施不報，無往不復，世事寧有偶發者乎？」

古詩新傳：
王韶生（1904-2001）之詩學

區永超

「舊學商量加邃密，新知培養轉深沉。」[1] 古學今傳，師法不一，精彩各異。王師韶生，學承北大，思接風騷，懷冰室集，琬琰紛陳，手執一卷，所得甚多！

本文旨在論述王師詩學，以弘詩道，分述如下。

一 緒論

孔門論學，教以《六經》，學《詩》為首，《詩》有四家，魯、齊、韓、毛，師法所傳，不可不知。陳湛銓序《萬葉樓詩鈔》云：

> 方虛谷云：讀書必多，立志必高，用力必勤，師傳必真，四者不備，不可言詩。嚴方二氏之論，允矣。[2]

可見今日言詩，師傳必真，亦為重要。陳湛銓又引嚴滄浪曰：

> 詩有別材，非關書也。詩有別趣，非關理也。然非多讀書，多窮理，

---

[1] 朱熹（1130-1200）：《朱子全書》（上海市：2002年）第20冊，〈鵝湖寺和陸子壽〉，頁365。
[2] 李我生：《萬葉樓詩鈔》（香港：1971年），〈陳湛銓序〉，頁1。

則不能極其至。³

師傅之外，讀書窮理，始能極至。近代詩人，上庠傳詩，多推黃節，《嶺南詩宗：黃節》一書中載：

> 黃節執教北大前後十多年，其間曾兼任清華大學研究院導師，黃節是學者而能詩，是詩人而治學，因此他講課既有嚴謹求實，凸顯理性精神的一面，又有激情洋溢，生動感人的一面。雖然他不拘言笑，但教學頗受學生歡迎。⁴

可見當年北大，詩人黃節，廣受學生歡迎。同書續載：

> 胡樸安《南社詩話》云：晦聞執鞭北京大學，以詩教弟子，造就頗多。黃節培養了很多人才，可謂遍及天下，桃李芬芳。著名教授學者范文瀾、朱自清、俞平伯、游國恩、繆鉞、程千帆、馮至、吳三立、鍾敬文、胡肇椿、李滄萍、吳宓、蕭滌非、黃稚荃、冼玉清、李韶清、張鵬翅、王越等，曾受黃節教益，對中國現代學術文化的發展有所貢獻。這裡擇其中幾位，簡述他們與黃的交往。黃節最為看重的北大門生是李滄萍。⁵

可見黃節傳詩，人才多出，其中重要傳承人物是李滄萍。羅香林欲編廣東文庫，請教於李滄萍，李推舉王韶生其人其學其詩其文。羅香林序懷冰室集云：

> 往者余於廣州，主持市立中山圖書館事，嘗以謂近世粵人，志業文

3　同上。
4　陳希：《嶺南詩宗：黃節》（廣州市：廣東人民出版社，2008年），頁129。
5　同上。

章，照耀寰宇，因欲盡徵諸賢著述，匯為廣東文庫，以備中外研考……因乞教於前同事國立中山大學教授豐順李滄萍先生漢聲，李先生以詩古文辭著稱，為前輩黃晦聞先生節所特推許，……李先生隨舉所知告余，顧臨別特語余曰：如漢聲者，何足道哉！邑士王懷冰先生韶生，今任教省立勷勤大學教育學院，其人其學，其詩若文，醇誠至矣！子盍訪之，必有所得。[6]

二 生平事略

以下簡介王韶生生平事略。王韶生生平，見於何廣棪〈王韶生教授行狀〉[7]，另見於了閒壇網頁。徐芷儀《王韶生教授傳》載：

> 王教授諱韶生，字懷冰，廣東豐順人。教授清光緒三十年（1904）九月二十五日生於韶州府曲江縣。生而早慧。其治學也，則始自母氏之教。太夫人知書達禮，年五歲，即親授以《論語》，教以忠信孝弟，繼而《尚書》、《左傳》，教授均能循聲琅誦，明其大義。年十三，族祖春圃公居鄉講授《資治通鑑》，教授亦前往受業，昕夕聆聽，遂於歷朝史事及典章制度多耳熟能詳。經、史初基由是奠焉。[8]

此段文字，可見王韶生幼承庭訓，得慈母教《論語》，又得族祖春圃公授《資治通鑑》，家學淵源，《王韶生教授傳》續載：

> 民國十一年，年十九，考取國立廣東高等師範文史部；翌年，高師易

6　王韶生：《懷冰室集》（香港：王韶生教授門人籌印懷冰室編輯委員會，1971年），羅香林序，頁1。
7　何廣棪：《何廣棪論學雜著》（臺北市：花木蘭文化事業公司，2010年），頁479-481。
8　了閒壇網頁：www.liuhan.org.hk/ancestor.php?i=HP_0000009。

名廣東大學；十五年畢業，隨考取北京師範大學國文系，又考入北京大學研究所國學門，攻讀以迄畢業。其時舊京國學大師輩出，任教北大、北師大者，經學則安徽歙縣吳承仕，史學則湖南長沙楊樹達，《選》學則河北霸縣高步瀛，詩學則廣東順德黃晦聞，詞學則浙江江山劉毓盤。教授追隨杖履。親承指教，由是抗心希古，德業大進。[9]

上文記載一九二六年，王韶生考取北京師範大學，又考入北京大學研究所，詩學得高步瀛、黃晦聞之真傳。以下分述王韶生傳承高步瀛與黃晦聞之詩學。

三　說詩與治詩

傳承高步瀛之詩學《懷冰室文學論集》中，有《高閬仙先生與古典文學》一文，其中記述高步瀛云：

> 霸縣高先生，現代之文學宗師也。其學問之篤實，人格之光輝，誠所謂：江漢以濯之，秋陽以曝之，皜皜乎不可尚已。余昔年負笈從遊，親承教導，其粗解文事者，寔由先生啟之。茲搜集時人有關文字，及先生遺著，草成本文。上篇述其事略，下篇述其影響，俾學者知所率循。詩云：高山仰止，景行行止。此物此志也。[10]

可見王韶生從遊高步瀛，因得啟發。同文第五節：對研治唐宋詩之影響，中云：

> 唐宋詩人及其作品，數量浩繁，據清康熙時所纂輯錄《全唐詩》所錄，作者凡二千二百餘人，詩四萬八千九百餘首。又據《四庫全書總

9　同上。
10　王韶生：《懷冰室文學論集》（香港：志文出版社，1981年），頁34。

目提要》著錄《御定四朝詩》三百一十二卷，宋詩部分凡七十八卷，作者三百二十一人。而厲鶚：《宋詩紀事》，所錄詩人更眾。吳之振：《宋詩鈔》，所收篇章亦富。另乾隆間沈德潛有《唐詩別裁》，張景星有《宋詩別裁》，澄汰沙礫，披檢精英，各成一帙。則視前為約矣。……以往合選之本，自以《唐宋詩醇》較佳，其書有批而無注，且採購困難。自高先生《唐宋詩舉要》一書刊行，庶幾滿足一般之需求矣。[11]

文中說出唐詩數量浩繁，閱讀不易，沈德潛《唐詩別裁》能約。合選之本，《唐宋詩醇》較佳，但無注。《唐宋詩舉要》，可足需求。

唐宋詩學之傳授，近年課本以高步瀛《唐宋詩舉要》一書為最流行，此書不斷再版。王韶生：《高閬仙先生與古典文學》云：

批評文學最具系統，明源流，摭利病，靡不精切，則莫如唐宋詩文舉要編題前緒言也。[12]

王韶生指出《唐宋詩舉要》書中開篇講述之題前緒言，於詩之系統源流，批評精切，如舉五言古詩云：

五言古詩，當探源《三百篇》而取法漢魏。[13]

指出學五言古詩，當追源溯流，始乎學《詩經》，繼而法漢魏。

至於論漢魏五言古詩之妙，高步瀛《唐宋詩舉要》題前緒言云：

---

11 王韶生：《懷冰室文學論集》，頁55。
12 王韶生：《懷冰室文學論集》，頁41。
13 同上。

> 《古詩十九首》，鍾記室稱其驚心動魄、一字千金，殆非後人所能企及。[14]

指出昭明所選《古詩十九首》為絕妙作品，非後人能及。並引鍾嶸《詩品》：驚心動魄，可謂幾乎一字千金。二語佐證。

漢後詩作，《唐宋詩舉要》題前緒言續有舉出人物，建安作者如曹植，書中云：

> 建安而後，雄渾沉鬱，曹阮為宗。[15]

指出曹植作品雄渾沉鬱，詩學傳家，與阮籍《詠懷》，同為一代宗師。

晉以後，則推許淵明，《唐宋詩舉要》題前緒言書中續云：

> 沖淡高曠，淵明為雋。[16]

指出晉代淵明詩作，平淡中見高妙，雋士大雅，曠世之作。評論高於鍾嶸《詩品》。

至於宋齊，則舉出謝靈運，鮑照，謝朓，庾信數人，《唐宋詩舉要》書中記云：

> 宋齊以來，漸趨綺麗，而精深華妙，大謝稱工，沈奧驚創，明遠獨擅。太白低首于玄暉，少陵托懷於庾信，各有其獨到者在也。[17]

此處舉四人外，更謂太白低首、少陵托懷，映襯謝朓、庾信，先後傳承，各

---

14 王韶生：《懷冰室文學論集》，頁41。
15 同上。
16 同上。
17 同上。

有獨到。其評鮑謝：明遠獨擅，大謝稱工。文質彬彬，百世經典。

至於唐代五言古詩，書中續云：

> 唐初猶沿梁陳餘習，未能自振。陳伯玉起而矯之，感遇之作，復見建安、正始之風。張子壽繼之，塗軌益闢。至李杜出而篇幅恢張，變化莫測，詩體又為之一變。韓退之排空硬語，雄奇兀傲，得杜公之神而變其貌。本編所錄，以三家為主，而王孟韋柳風神遠出，超以象外，又別為一派，亦並錄之。王阮亭論詩，以神韻為主，于唐五古取陳張李韋柳五家，而不及杜韓，偏矣。儻如昔人所譏「未掣鯨魚碧海中」者乎？宋人五言古詩又遠遜于唐，惟錄歐王蘇黃數家，以見崖略云爾。[18]

指出唐初陳子昂，《感遇》之作，建安風骨。張九齡繼之，塗軌益闢。近人有陳子昂《感遇》詩之研究，高步瀛《唐宋詩舉要》實啟發於前。今《唐詩三百首》始於張九齡：《感遇》，似不及高步瀛《唐宋詩舉要》可觀源流。

余觀《唐宋詩舉要》五言古詩題前緒言，因得啟發，賦成韻語一首，錄之如下：

《唐宋詩舉要》說五古
五言說法　源出國風　古詩十九　動魄天工
建安而後　曹阮為宗　淵明隱逸　樂道融融
宋齊以來　大謝稱工　明遠獨擅　玄暉李從
庾信杜懷　蕭瑟飄鴻　仙聖莫測　退之奇雄
唐初伯玉　子壽軌從　王孟韋柳　雅正途同

以上可見高步瀛之說五言古詩。

---

[18] 王韶生：《懷冰室文學論集》，頁41-42。

王韶生：《高閬仙先生與古典文學》續引《唐宋詩舉要》中講述七言古詩云：

> 唐初亦沿六朝餘習，以妍華整飭為工。至李杜出而縱橫變化，不主故常，如大海回瀾，萬怪惶惑，而詩之門戶以廓，詩之運用益神。王李高岑雖各有所長，以視二公之上九天、下九淵，天馬行空，不可羈絡，非諸子所能逮也。盛唐而後，以昌黎為一大宗，其力足與李杜相埒，而變化較少，然雄奇精奧，實亦一代之雄也。李昌谷詩，前人但稱其險怪，吾友吳北江評之，精意悉出，惜卷狹不能多錄，僅取數首以公同好。白傅平夷，恰與相反，而精神所到，自不可沒，故亦錄之。宋詩錄歐王蘇黃數家。歐王各有其工力，而蘇之禦風乘雲，不可方物，殆如天仙化人，而不善學者，或流於輕易。山谷字字精煉，力絕恒蹊，其精者直吸杜公之髓。陸放翁豪放有餘，而氣稍獷矣。茲編所錄，以李杜韓蘇黃為主。金源之詩，遺山褎然稱首，並附錄。昔姚惜抱論文曰：學之善者神合焉，善而不至者貌存焉。學詩亦然。夫學古人而僅貌似，下矣，然猶勝於汪洋而無範者。[19]

王韶生引畢高步瀛開篇講述五言七言古詩後云：

> 以上所舉兩節，評述漢魏六朝，以迄唐宋詩風，千變萬化，盡納之於短篇薄物內，何其神也。[20]

可見高步瀛：《唐宋詩舉要》言簡意賅，精采非凡。而高步瀛之說七言古詩，於李杜韓白蘇陸之選，是承傳《唐宋詩醇》，增選李賀，則是承傳桐城吳汝綸，吳北江之餘緒。

---

19 王韶生：《懷冰室文學論集》，頁42。
20 同上。

傳承黃晦聞之詩學：《懷冰室文學論集》中，有《黃晦聞先生之詩學》一文，其中記述黃晦聞云：

> 惟順德黃先生，講授北庠，職在說詩，其治詩垂四十年。近人吳雨僧云：黃先生兼詩學詩教詩法而為詩，即其全部之生活力及精力，悉用為作詩之准備，絕異於世之以餘事餘力為詩者。雨僧親炙黃先生有年，評論允當，非阿其所好也。余昔在北庠，捧手受教。今距先生之歿三十年矣，爰摭拾遺書，與有關文獻，草成是篇，以備知人論世者所採擇焉。[21]

指出黃節全力為詩，詩學詩教詩作異於常人。《黃晦聞先生之詩學》第三節《說詩與治詩》云：

> 黃先生說詩大義，見於《阮步兵詠懷詩注自序》，明具於此。自序云：世變既亟，人心益壞。道德禮法盡為奸人所假竊。黠者乃藉詞圖毀滅之。惟詩之為教，入人最深。獨於此時，學者求詩則若飢渴。欲使學者由詩以明志，而理其性情，於人之為人，庶有裨也。……國積人而成者，人之所以為人之道既廢，國焉得而不絕？非今之世耶。……然坐視疇輩及後起者，藉手為國，乃使道德禮法壞亂務盡，天若命余重振救之，舍明詩莫繇。天下方毀經，又強告而難入，故余於《三百篇》既纂其辭旨，以文章之美，曲道學者，蘄其進窺大義，不如是不足以存詩也。今注嗣宗詩……於其事不敢妄附，於其志則務欲求明，不如是不足以感發人也。[22]

文中引用黃節《阮步兵詠懷詩注自序》，指出當時道德禮法壞亂，重振救

---

21 王韶生：《懷冰室文學論集》，頁215。
22 王韶生：《懷冰室文學論集》，頁222。

之，舍詩莫繇。《三百篇》，文章美，窺大義，是存詩。志求明，足以發。文接云：

> 孔沖遠詩疏所云：詩有三訓：承也、志也、持也。作者承君政之善惡，述己志而作詩，為詩所以持人之行，使不失墜。[23]

引用孔穎達：《毛詩注疏》：持人之行，使不失墜。可見黃節詩學淵源：志也、承也、持也。

又《曹子建詩注自序》云：

> 至其閔風俗之薄、哀民生之艱、樹人倫之式、極情於神仙而義深於朋友、則又見乎辭之表書、雖百世可思也。[24]

取於曹子建，以理性情之正。王韶生續云：

> 要之，先生說詩之目的，其要旨在使人生納於道德範疇之中，然後俗乃厚，世乃治。[25]

指出黃節倡詩，其志所在：存道德，厚風俗，世得治。與《詩大序》同：

> 故正得失，動天地，感鬼神，莫近於詩。先王以是經夫婦，成孝敬，厚人倫，美教化，移風俗。[26]

王韶生續論黃節之研究成績，《黃晦聞先生之詩學》云：

---

23 同上。
24 同上。
25 王韶生：《懷冰室文學論集》，頁223。
26 同上。

考先生著述最早之一種，由北大出版部印行者為《詩學》……先生第二種著述出版者，為《漢魏樂府風箋》。……民十辛酉，先生注謝靈運詩。……先生注謝靈運詩既畢，復注鮑照詩。……先生所撰《詩律》六卷一冊，於民十四年出版。……壬戌之秋，先生在大學說陳王詩，始為之注。……先生遺著，體大思精者，厥為《詩旨纂辭》，凡三卷。先生最後講授之魏武、魏文、魏明詩注本，幸告完成。[27]

近年《黃節注漢魏六朝詩六種》出版，其中有《漢魏樂府風箋》、《魏武帝魏文帝詩注》、《曹子建詩注》、《阮步兵詠懷詩注》、《謝康樂詩注》、《鮑參軍詩注》，黃節注詩之功，後學得益。《詩旨纂辭》亦復出版，黃節詩學，得發揚光大。而王韶生早年推舉諸書，可見卓識。當時學者看法有別，錢鍾書之〈石語〉載陳石遺云：

清華教詩學者，聞為黃晦聞，此君才薄如紙，七言近體較可諷詠，終不免於枯竭蹶。又聞其撰曹子建阮嗣宗詩箋，此等詩何用注釋乎？[28]

陳石遺之評語，指出黃節近體較佳，是矣。至於《阮步兵詠懷詩注》、《曹子建詩注》不必作箋，則難以令人信服。蘇師文擢嘗云：

《唐詩三百首》，選詩甚好。宋詩，選本佳者，則尚未有。

詩道深邃，品詩至正，不易得也。前有鍾嶸，後有石遺，可為例證。而王韶生其人其學其詩其文，於此更映光輝。

---

27 王韶生：《懷冰室文學論集》，頁223-226。
28 錢鍾書：《錢鍾書集》（北京市：生活・讀書・新知三聯書店，2019年），頁479。

四　詩格與詩功

《蒹葭樓詩》集中，有數首詩寫蘇曼殊。蘇曼殊集中，有詩作外，更有譯詩。胡適嘗論西洋詩歌之翻譯：

> 裴倫之《哀希臘歌》，吾國譯者，吾所知已有數人：最初為梁任公，所譯見《新中國未來記》。馬君武次之，見《新文學》。去年吾友張奚若來美，携有蘇曼殊之譯本，故得盡讀之。茲三本著，梁譯僅全詩十六章之二。君武所譯多訛誤，有全章盡失原意者。曼殊所譯，似大謬之處尚少。[29]

可見當時盛行翻譯西洋詩歌，梁任公，馬君武，蘇曼殊都有譯作，胡適認為蘇曼殊譯詩較佳。

近人考據，蘇曼殊集中譯詩，或非蘇曼殊所譯。鄺師健行云：

> 以往人們認為三詩（〈贊大海〉〈去國行〉〈哀希臘〉）由蘇曼殊所譯出；近年主流看法，認為三詩是黃季剛（侃）先生的譯筆。[30]

黃季剛《鑛秋華室說詩》云：

> 蘇子穀作畫，極蕭疏澹遠之致，偶作小詩，亦極淒婉。景仰拜輪之為人，好誦其詩。余居東夷日，適與同寓舍，暇日輒繙拜輪詩以消遣，子穀之友彙刊為《潮音集》。茲錄〈哀希臘〉及〈贊大海〉二篇，愧不能如原意。然子穀云無大違異處，或不相紿也。〈哀希臘〉詩，馬

---

[29] 李敖編：《胡適選集》（臺北市：李敖出版社，2002年），第3冊，書信・翻譯・詩詞，頁251。

[30] 朱少璋編：《曼殊外集》（北京市：學苑出版社，2009年），頁2。

君武嘗譯為七言，今更譯之，無一字相襲也。[31]

黃季剛談及譯拜倫詩，談及蘇曼殊與馬君武，又自謙稱繙譯不能如原意。黃季剛續云：

　　〈贊大海〉詩六章十二句，其第五章為餘杭譯。蓋原義深曲，譯兩日不成，餘杭見而補之。[32]

黃季剛談及餘杭章太炎合作譯詩。可見當年譯詩之風流行，學者多作。

　　王師韶生當年嘗談及黃季剛，下文分析王韶生之譯詩，本節是論文中古詩新傳之新傳部分。

　　統計王韶生之譯詩共三十一首。《懷冰室集》英詩中譯：十八首，《懷冰室續集》英詩中譯：十三首。

　　以下，先引《懷冰室續集》中一首譯作，後加分析：

　　　　　　　　附遊子返鄉吟　　佚名
　　其一
　　遊子策杖　遠適他邦　浪跡天涯　今日返鄉
　　僕僕風塵　容顏頓改　覿面相逢　誰識故態
　　信步入城　遵彼舊路　城廓依稀　草木繁蕪
　　其二
　　皇然稅吏　元是舊友　人之相知　曾接杯酒
　　今日相逢　漠然不識　久炙陽光　面目黧黑
　　略事點首　前路悠哉　重整冠裳　輕彈塵埃

---

31 柳亞子編：《蘇曼殊全集》，第4冊（北京市：當代中國出版社，2007年），頁130。
32 同上。

其三
當窗皎皎　儀態萬千　宛孌愛侶　絕勝當年
素心人遇　瞠目不顧　祇恨遊子　容顏非故
悄然無語　踽踽前去　沾掛兩腮　清淚如注
　其四
龍鍾老婦　階前徙倚　伊豈他人　實為母氏
嘆息一聲　我兒好否　激動遊子　淚落不已
改我顏色　灼灼陽光　認得親兒　祇有親娘
譯者按：學步與遊子吟兩詩，香港《人生雜誌》曾轉載，以有合於中國詩教也。[33]

唐代樂府詩《遊子吟》，歌頌母愛。以上譯詩，譯題：《遊子返鄉吟》，作者佚名，詩歌內容，異曲同工。王韶生指出此譯詩曾被轉載，因合詩教。「認得親兒，祇有親娘。」人心同，此理同，中外同。

胡適論譯詩擇體云：

論譯詩擇體之難，略曰：譯詩者命意已為原文所限，若更限於體裁，則動輒掣肘，決不能得愜心之作也。[34]

王韶生以四言作譯，典雅得體，巧奪天工，詩國難得。以下再引一首譯詩，用五言絕句體：

　　　人生頌　（A Psalm of Life）九首　　Longfellow作
莫作淒涼語，浮生一夢中，沉酣渴睡者，自了恨無窮。
人生有真諦，青塚不可埋，萬物雖歸土，精靈永無涯。

---

[33] 孫廣海編著：《室冰園藥：王韶生、鍾應梅教授論著知見錄合編》（臺北市：萬卷樓圖書公司，2023年），頁173-174。

[34] 李敖編：《胡適選集》，第3冊，頁251。

哀樂不能入，大道本康莊，行健與自強，日就而月將。
華年隨逝水，學海富詞源，壯心類暮鼓，敲送到秋墳。
世事多蠻觸，生涯戰幕中，毋如瘖啞犢，奮起作豪雄。
歡樂元難必，往事莫追尋，力行今日重，上帝鑒余心。
先哲羹牆在，修省潔其身，芳蹤百代下，矜式啟後人。
一葉飄零意，行蹤踏雪泥，懷哉兄弟輩，覿此亦悽悽。
奮發莫蹉跎，命運毋我何，努力復求索，功成非殊科。[35]

人生道理，古已有之。《論語》：「發憤忘食。」《楚辭》：「吾將上下而求索。」王韶生譯詩：「奮發莫蹉跎⋯⋯努力復求索。」鎔鑄經典，金石之聲。昔蘇曼殊翻譯《哀希臘歌》擇用五言古體，典雅風華，信達難得。王韶生當年想曾研習，今錄如下，可見前後輝映：

《哀希臘歌》《蘇曼殊全集》
巍巍希臘都，生長奢浮好。情文何斐亹，荼輻思靈保。
征伐和親策，陵夷不自葆。長夏尚滔滔，頹陽照空島。
窣訶與諦訶，詞人之所生。壯士彈坎侯，靜女揄鳴箏。
榮華不自惜，委棄如浮萍。宗國寂無聲，乃向西方鳴。
山對摩羅東，海水在其下。希臘如可興，我從夢中睹。
波斯京觀上，獨立向誰語。吾生豈為奴，與此長終古。
名王踞岩石，雄視逤邐濱。船師列千艘，率土皆其民。
晨朝大點兵，至暮無復存。一為亡國哀，淚下何紛紛。
故國不可求，荒涼問水濱。不聞烈士歌，勇氣散如雲。
琴兮國所寶，仍世以為珍。今我胡疲荼，拱手與他人。
威名盡墜地，舉族共奴畜。知爾憂國土，中心亦以恧。
而我獨行遙，我猶無面目。我為希人羞，我為希臘哭。

---

35 王韶生：《懷冰室集》，頁212。

往者不可追,何事徒頻蹙。尚念我先人,因茲縻血肉。
冥冥蒿裡間,三百斯巴族。但令百餘一,堪造披麗谷。
萬籟一以寂,彷彿聞鬼喧。鬼聲紛覼覼,幽響如流泉。
生者一人起,導我赴行間。槁骨徒為爾,生者默無言。
徒勞復徒勞,我且調別曲。注滿杯中酒,我血勝酃淥。
不與突厥爭,此胡本遊牧。嗟爾俘虜餘,酹酒顏何忝?
王跡已陵夷,尚存羽衣舞。鞞廬方陣法,知今在何許?
此乃爾國土,麋散隨塵土。偉哉佉摩書,寧當詒牧圉?
注滿杯中酒,勝事日以墮。阿那有神歌,神歌今始知。
曾事波利葛,力能絕天維。雄君雖雲虐,與女同本支。
羯島有暴君,其名彌爾底。閎達有大度,勇敢為世師。
今茲丁末造,安得君如斯?束民如連鎖,豈患民崩離?
注滿杯中酒,倏然懷故山。峨峨修里岩,湯湯巴加灣。
繄彼陀離種,族姓何斑斑!儻念希羅嘎,龍胤未凋殘。
莫信法蘭克,人實誑爾者。鑕刃藏禍心,其王如商賈。
驕似突厥軍,黠如拉丁虜。爾盾雖彭亨,擊碎如破瓦。
注滿杯中酒,樾下舞婆娑。國恥棄如遺,靚妝猶娥娥。
明眸復善睞,一顧光妻羅。好乳乳奴子,使我涕滂沱。
我立須寧峽,旁皇雲石梯。獨有海中潮,伴我聲悲嘶。
願為摩天鵠,至死鳴且飛。碎彼娑明杯,俘邑安足懷![36]

余嘗觀《曼殊集》與《懷冰室集》,二書中,皆有翻譯詩歌,見賢思齊,因以續貂,譯英儒培根作品《水仙花》一首,今錄如下,以見外文譯詩之傳承:

---

36 柳亞子編:《蘇曼殊全集》,第4冊,頁130。

那喀索斯　　Narcissus; or Self-Love　　Francis Bacon
那喀索斯美少年，傲氣不群視大千，孤芳自賞言難傳，林野狩獵樂自然，儔侶二三志相聯，厄科芳心不羨仙，雲遊四方形影纏，希臘齊諧戀情牽，尋壑偶爾臨清泉，時日炎炎映中天，湖水澄澄鑑身邊，沉醉倩影望流連，植根長駐化水仙，祭品供奉冥神前，培根健筆述寓言，資賦優異人自憐，不奮進不思齊賢，不敬事不為世尊，形單影伴此生捐，交遊擇善乏人緣，間有愛慕聲相連，搖落香消早春天，水仙冥府事堪研，稟性如斯焉能賢，花易飄零果難圓，儼若滄海盪小船，無痕消逝似雲煙，古人執祭幽靈存。

五　餘論

　　詩學可分為二，一為評論，一為創作。

　　上文第三節，已講述王韶生對高步瀛與黃晦聞之詩學評論，考王韶生之詩學評論文章尚有：〈王靜安先生之詩〉，〈陶詩札記〉，〈王維詩研究〉，〈論寒山詩〉，〈論杜甫詠物詩〉，〈元遺山論詩三十首箋釋〉，〈宋芷灣先生詩之研究〉，〈丘倉海先生詩之研究〉，〈中國詩詞在香港詩之發展〉（以上論文見《懷冰室文學論集》）；〈論詩序〉，〈陳白沙先生之理學與詩學〉，〈讀湛甘泉詩教解並申論白沙學說〉（以上論文見《懷冰室經學論集》）；〈雜談陳散原〉，〈典型學人馬君武原〉，〈張谷雛的詩與畫〉（以上論文見《當代人物評述》）。論詩文章之多，可嘆觀止矣。其中論述詩經有詩序之闡析；論述魏晉詩人有陶淵明；論述唐代詩人有王維、寒山、杜甫；論述宋元詩人有元遺山；論述明清詩人有陳白沙、湛甘泉、宋芷灣、丘倉海、王靜安、陳散原；論述近人有馬君武、張谷雛，可見王韶生詩學評論之深邃淵博。

　　以下簡述王韶生之詩作，據鄒穎文《香港古典詩文集經眼錄》統計：

《懷冰室集》詩：四百九十首，

《懷冰室續集》詩：三百四十九首，
《懷冰室集三編》詩：兩百首[37]

王韶生之詩作，今存已有千多篇。正是敏捷詩千首，其風雅選刊，見於《醒獅週報》，《嶺雅》……以下略選一二，簡要說明，將來有待深入研究。《香港名家近體詩選》，選有《弔聖雄甘地》一詩：

嗟哉夫子況猶龍，百折千磨驗爾功，殉道竟緣非暴力，獻身無畏畢豪雄。骨灰似共恆河劫，謦欬如聆上界鐘。天竺興亡誰得管，爐邊閒話火熊熊。[38]

詩中歌頌印度聖雄甘地，非暴力，身無畏。詞句中更巧妙引用子史詩歌，

非暴力：〈史記・伯夷列傳〉：以暴易暴兮，不知其非矣。
謦欬：〈莊子・徐無鬼〉：聞人足音跫然而喜矣，而況乎兄弟親戚之謦欬其側者乎！
夫子：〈唐詩三百首・經魯祭孔子而歎之〉：夫子何為者，栖栖一代中。

可見此詩修辭鎔鑄經典，內容闡述中外道理，盡善盡美。
以上所舉為七律，以下舉七絕一首，《馬料水雜詠》四首，其中一首：

北望雲山別有天，紅桑親見海成田，傳經心事誰人曉，斷簡摩挲不計年。[39]

---

37 鄒穎文：《香港古典詩文集經眼錄》（香港：中華書局，2011年），頁10-14。
38 何乃文編輯：《香港名家近體詩選》（香港：香港中文大學出版社，2007年），頁35。
39 同上。

詩言志，此絕句說盡心中事，心在傳經，不計年月。王師韶生嘗謂錢穆很欣賞《大戴禮興廢考》一文，後來錢穆送手杖給王韶生，蘇師文擢云：王韶生手杖不著地走，道功深厚！當年新亞書院與香港中文大學之學者，風度可想見。

余觀今世詩人，陳師湛銓，詩學承傳詹安泰，重視詩序，與王師韶生同。翁師一鶴，香江百詠，前後三編，多寫家邦鄉土之情，與王師韶生時寫外國有別。潘師小磐，寫詩而外，亦作駢文，與王師韶生同。蘇師文擢，經學辭章，家學淵源。與王師韶生主要學自鬻宮略有分別。何師敬群，授我詩經，亦擅楚辭，王師韶生，詩經熟誦，論讀楚辭，則似較少。溫師中行，仁大授詞，詩教敦厚，溫柔婉曲，王師韶生亦填詞，溫婉敦厚，詩教並同。

皎然謝氏，詩學傳家，精於詩道，《詩式》云：

尊之於儒則冠六經之首，貴之於道則居眾妙之門。[40]

朱鴻林有《王韶生先生之文學見解》一文，其中兩頁論述王師韶生之詩學[41]。王師韶生，於詩與道，可贊無雙，深入研究，共期有日。

---

[40] 皎然著，李壯鷹校注：《詩式校注》（北京市：人民文學出版社，2003年），頁42。
[41] 朱鴻林：〈王韶生先生之文學見解〉，《新亞論叢》第1期（香港：新亞研究所，1999年），頁19-32。

圖一　二〇一八年於灣仔峽道樹仁大學攝

圖二　二〇一九年與陳卓先生攝

圖三　二〇二四年來復會攝

圖四　二〇二五年大會堂講座攝

徐復觀（1903-1982）及其
《中國經學史的基礎》

李金強

　　香港自一八四二年開埠以來，遂成中西文化交流之大都會。其中基督教以倫敦傳道會（London Missionary Society）傳教士理雅各（James Legge, 1815-1897）為首，自馬六甲來港開教，於宣教之餘，得王韜（1828-1897）之助，英譯四書五經是為香港經學研究之濫觴。[1] 時至辛亥革命，滿清遺老如賴際熙（1865-1937）、區大原（1869-1945）、區大典（1872-1937）、陳伯陶（1855-1930）、溫肅（1878-1934）等，相繼南下香港。其中賴際熙於1923年創立學海書樓，邀請前述遺老，講授經史。而賴際熙與區大典又於香港大學中文學院任教，編寫經史講義，傳統經學，遂得殖根香江。[2] 及至1949年新中國成立，國內士、商南移香江，其中錢穆（1895-1990）、唐君毅（1909-1978）、張丕介（1905-1970）創辦新亞書院，宣揚傳統中國文化。徐復觀（1904-1982）、牟宗三（1909-1995）亦相繼由臺來港加入，是為新儒家至本港講論儒學，發揚傳統中國文化生命力的「重要時刻」。而經學由是發皇於香港。[3] 其中徐復觀於新亞書院及研究所講學，並於一九八二年臨終

1　羅香林：《香港與中西文化之交流》（香港：中國學社，1961年），頁22-29。
2　區志堅：〈發揚文化、保全國粹：學海書樓八十年簡史〉，《學海書樓八十年》（香港：學海書樓，2003年），頁13-20；梁元生、曹璇、區志堅、姜本末編著：《學海書樓與香江國學：中國傳統文化在香港的傳承與革新》（香港：中華書局，2023年），頁66-89。
3　新亞創校，參張丕介：〈新亞書院誕生之前後〉，《新亞書院二十週年校慶特刊》（香港：新亞書院，1969年），頁6-10；一九四九年張丕介與徐復觀合辦《民主評論》半月刊，徐氏負責籌款，張氏負責編務及發行。劉述先：〈港臺新儒家與經典詮釋〉，《儒學的復

前夕，出版《中國經學史的基礎》一書，揭櫫經學史研究的新義，尤具意義。故就此探究，為當代香港經學研究提供一新案例。

一　家世及生平

徐復觀生於湖北省浠水縣，原名秉常，字佛觀，復觀一名為熊十力所改。家族由江西遷移至此，乃以耕讀傳家。曾祖父中舉，至伯祖父為優貢，祖父及叔祖則種田。父名執中，號可權，自少讀書考試，用功至勤，惜未中秀才，以教蒙館為生。母親楊氏，生三男二女，徐氏排行第二，與其母親感情至篤。叔父則負責種田，共同養家，全家收入微薄，是故出身貧苦耕讀之家。[4]其父見其聰慧，於辛亥革命之年，即徐氏八歲時，入其所開書塾讀書發蒙，望徐氏能繼承父志，讀書出仕。至十二歲（1915）入讀縣城高等小學，所讀之書已見「新舊並進」。新者即新編教科書，舊者則為《四書》、《五經》、《東萊博議》、《古文筆法百篇》、《古文觀止》、《綱鑒易知錄》、《御批通鑑輯覽》等，均需背誦強記。至十五歲（1918）時畢業，入讀武昌省立第一師範，就讀五年，該校全校寄宿，起居嚴格，於體操、操槍（毛瑟槍）外，課程尤重國文。校長劉鳳章，講陽明知行合一之學，又隨該校擅長桐城派文章陳仲甫，及精於周秦諸子李希哲二先生習國文。徐氏遂見能文，並得讀「先秦諸子」之書，自謂「新開闢了一個讀書天地」，一度任教小學。[5]至二十三歲（1925）投考湖北省立武昌國學館，館長王葆生，沿襲張之洞所辦兩湖書院制度，設內課生、外課生，徐氏於內課文科肄業，考試名列榜首。

興》（香港：天地圖書公司，2007年），頁99-100；梁元生、曹璇、區志堅、姜本末編著，同上註，頁177-246。
[4] 徐復觀：〈我的母親〉（1970年），〈我的父親〉（1973年），胡曉明、王守雪編：《中國人的生命精神——徐復觀自述》（上海市：華東師範大學出版社，2004年），頁6-21，徐氏謂兒時常倒在母親懷裏「嗲著要她摸我的頭，親我的臉」，見頁112。
[5] 徐復觀：〈我的讀書生活〉，胡曉明、王守雪編：《中國人的生命精神——徐復觀自述》，頁26-27；並參黃金鰲：〈師範出身的徐復觀先生〉，曹永洋等編：《徐復觀教授紀念文集》（臺北市：時報文化出版企業公司，1984年），頁53-55。

乃由國學大師黃季剛評卷。翌年參加國民革命軍第七軍,由第七軍旅長陶子欽派其出任營部中尉書記,繼而出任省立第七小學校長。二十六歲(1930)為省方資助赴日留學,初至明治大學讀經濟,繼入陸軍士官學校步兵科(二十三期)。期間始行涉獵孫中山之《三民主義》,進而得悉馬克思、恩格思、唯物論。留日期間,專心研讀馬克思著作,並通讀克勞塞維茲(Carl Von Clausewitz, 1781-1831)之《戰爭論》,又受魯迅兄弟文字影響,由是「洞明世界思潮之所趨,視野為之開拓」。[6] 一九三一年九一八事變發生,因反日入獄,繼而退學。回國出任軍職,投身抗戰,先後追隨桂系白崇禧(1893-1966)及黃紹竑(1895-1966),參與山西娘子關等戰役,繼而出任湖北荊宜師管區八十二師團長,並率軍駐防湖北老河口,清除地方流匪。繼至重慶,出任中央訓練團兵役班少將教官。又奉命至延安,任職第十八集團軍聯絡參謀,與毛澤東交往,得悉動態,返回重慶後,報告中共具有「謀反」奪取政權之意圖。至一九四三年,蒙軍事委員長蔣介石(1887-1975)賞識,調任侍從室第六組,成為最高統帥之幕僚,第六組組長為唐縱(乃建)中將,與徐氏相交至深,該部為委員長耳目之所在,負責收集「各個政黨尤其是共產黨及貪污的情報」,研判相關情報後,提出建言。由於國共內戰,國民黨兵敗。至一九四八年徐氏漸對政治現實失望,已謀脫離。[7]

　　其間之生命與學問奮進關鍵,除國共內戰影響外,主要乃於四十四歲(1944)時得讀大儒熊十力(1884-1968)之《新唯識論》,繼而獲見於重慶北碚金剛碑勉仁書院。該院為梁漱溟(1893-1988)所創辦,與熊氏面談,為其主張治學,講學,造成風氣以救國理念所感染而受教,遂有志於中國學術

---

6 徐復觀:〈我的讀書生活〉,頁27-28;涂壽眉:〈我所知道的徐復觀先生〉,區結成:〈徐復觀先生傳略〉,曹永洋等編,同上註,頁39-40、442-443;余紀忠:〈徐復觀先生傳略〉,《徐復觀最後雜文集》(臺北市:時報文化出版企業公司,1984年),頁1。

7 徐復觀:〈曾家岩的友誼——我個人生活中的一個片斷〉,胡曉明、王守雪編,同上書,頁67-71;涂壽眉:〈我所知道的徐復觀先生〉,區結成:〈徐復觀先生傳略〉,同上,頁41-42、446-449;又參唐縱:《在蔣介石身邊八年——侍從室高級幕僚唐縱日記》(北京市:群眾出版社,1981年),頁388、392。

之研究。徐氏謂至四十年代「始以國族之憂為憂」,並念其師熊十力謂「亡國族者常先自亡其文化」,遂起而研究傳統中國文化。[8]於一九四六年抗戰勝利後,以陸軍少將呈請志願退役,遂轉而投身學術文化,得蔣介石資助,先後主辦《學原月刊》(一九四七年)及《民主評論》(一九四九年),由是與學界相交結,其中《民主評論》的興辦,乃聯同張丕介、唐君毅、牟宗三、錢穆、胡秋原、殷海光等於該刊撰文,進而於一九五八年與牟宗三、唐君毅、張君勱四人,於該刊發表〈為中國文化敬告世界人士宣言〉一文,肯定中國文化之生命力。是為新儒家於港臺結集的文化宣言,影響重大。然日後竟與同仁殷海光的西化主張不合,終於導致六〇年代港臺兩地著名的「中西文化論戰」。尤為當代海外華人知識分子尋索、辯論中國文化「現代化」的頭等大事。[9]此外,徐氏自一九四九年隨國府東遷臺灣,於一九五二年任教省立農學院,一九五五年至美國基督教教會大學聯董(The United Board)於臺中大度山復辦之私立東海大學外文系、中文系任教,兼中文系系主任。先後開「大一國文」、「史記」、「文心雕龍」等科。此後著作等身,包括《中國思想史論集》(一九五九年)、《中國人性論史先秦篇》(一九六三年)、《中國藝術論集》(一九六六年)、《公孫龍子講疏》(一九六六年)、《石濤之一研究》(一九六八年)等書。直至一九六九年由於文化立場與教會大學基督教信仰有別,被迫退休,遂離臺赴港,臨行時以明末遺民呂留良(號晚村,1629-1683)「無慚尺布裹頭歸」詩句,表明其捍衛及發揚中國文化的夙志與風骨。[10]翌年,至

---

8 徐復觀:〈有關熊十力先生的片鱗衹爪〉,胡曉明、王守雪編,同上,頁44-48;並參徐復觀:〈「中國思想史論集續編」〉,《徐復觀最後雜文集》,頁206。

9 邵華:〈徐復觀與民主評論〉,《臺灣研究集刊》5期(2014年),頁77-84。《民主評論》總社設於香港,分社設於臺北,一九五一年停刊半年。繼而復刊,乃得張丕介、錢穆、唐君毅等協助,後獲美國亞洲協會資助,至一九六六年始告停刊。

10 徐復觀:〈無慚尺布裹頭歸〉,胡曉明、王守雪編,同上書,頁99-101;於省立農學院(今中興大學)任教國文,見張研田:〈憶佛觀兄〉,曹永洋等編:《徐復觀教授紀念文集》(臺北市:時報文化出版企業公司,1984年),頁35-36;東海大學之校名乃由徐氏所起。出自陸九淵之「東海有聖人出焉,此心同,此理同。西海有聖人出焉,此心同,此理同。推之南海、北海莫不皆然」。並參翟志成:〈無慚尺布裹頭歸──《徐復

香港中文大學新亞書院及研究所任教,香港遂成為其晚年學術歸宿之地,[11]同與任教新亞之唐君毅(1909-1978)、牟宗三(1909-1995)二人,被譽為海外新儒家鼎足而三的大思想家。[12]

二 寓港及成書

一九七〇年,徐氏初獲邀請至香港中文大學新亞書院哲學系擔任客座教授,以其個人對中國哲學看法與唐君毅、牟宗三二人有異,「為了預防由看法不同而引起友誼上的不愉快」,故要求轉開授以中文系為主的課,故轉至中文系,共開「中國哲學史」及「文心雕龍」兩科。及至一九七四年新亞研究所脫離中文大學獨立,則於新亞研究所專開「史記研究」、「漢書研究」、「經子導讀」、「文心雕龍研究」,及「中國文學批評史」等科目,並指導研究所文學組學生研寫論文;一度於珠海書院文史研究所博士班開科——「周秦漢政治社會結構研究」。與此同時,由於來港前已費了六年時間準備撰寫兩漢思想史,來港後遂利用課餘及寒暑假撰寫兩漢思想史。自來港至一九七九年十年間,徐氏共完成《兩漢思想史》三冊及《周官成立的時代及其思想性格》一冊;並完成十篇關於中國文學批評史的課題,稍後結集而成《中國

　觀最後日記》代序〉,翟志成、馮耀明校註:《無慚尺布裹頭歸——徐復觀最後日記》(臺北市:允晨文化實業公司,1987年),頁1-3。蕭欣義:〈良心和勇氣的典範——敬悼徐師復觀〉,曹永洋等編,頁216-221;謂徐氏先於外文系教書,又謂杜維明原為外文系學生,因受徐氏影響,轉讀中文系,日後留美,成為著名漢學家。又一九五〇年韓戰爆發,國內十三間教會大學停辦,主其事的聯董,遂於香港興辦崇基書院及於臺灣興辦東海大學,參Jessie G. Lutz, *China and the Christian Colleges, 1850-1950*. Ithaca: Cornell University Press, 1971, pp. 484-489.

11 徐氏生平,並參〈徐復觀先生年譜〉,《徐復觀最後雜文集》,頁426-430;區結成:〈徐復觀先生傳略〉,曹永洋等編,頁438-464。
12 翟志成:〈無慚尺布裹頭歸——《徐復觀最後日記》代序〉,頁5-6、16-17。翟氏比較唐、牟、徐三人學行,指出唐君毅「中道而行」,牟宗三「有所不為」,而徐氏最有開拓和進取的雄心,以及知其不可而為之的豪邁之氣。並謂徐氏學究天人,並具救世救民的奮鬥目標。

文學論集續篇》，又參與紅樓夢討論及黃公望兩長卷山水真偽問題的討論，並為《華僑日報》撰寫時論性的文章，堪稱著述弘富。[13]

　　徐氏於研究《兩漢思想史》的歷程中，已經注意經學史的問題，徐氏認為「經學奠定中國文化的基型，因而也成為中國文化發展的基綫」。認為對中國文化的反省，首需對中國經學反省，而第一步「便須有一部可資憑信的經學史」，鑑於清季今文學派興，否定傳統之古文派，使皮錫瑞《經學通論》、《經學史》兩書及廖平、康有為的經學史研究皆由此而發。張「今文派」而否定「古文派」，徐氏即謀糾謬，因此起而研究經學史。研究期間，於一九八〇年五月初由於胃部不適，就醫而驗出胃癌重病，並進行手術，然徐氏「自知已經走到了人生的盡頭」。遂趕忙研究，於其病重、病危之時，先後在港及赴臺、赴美治療過程中，完成〈先漢經學的形成〉及〈西漢經學史〉二文，於臨終前夕結集，書末並附〈有關春秋左氏傳的補充材料〉一文，由臺灣學生書局出版。是為《中國經學史的基礎》（1981）一書的誕生。是書乃對中國經學源流，作出廓清，以先漢及西漢時期之經學研究為主，故有「基礎」的意旨。就此而論，徐氏主要針貶清代經學者，認為「經學成於周公或成於孔子的謬執之見」，此即徐氏寓港期間研究周秦漢思想史及中國文學批評史以外的另一學術新產品──經學史，並將此書列為香港新亞研究所叢刊，[14]可見徐氏此書，無疑為當代香港經學研究史中，不容忽略的著述，此即本文撰寫之緣由。

　　以下從徐氏之晚年日記，羅列其於一九八〇至一九八一年間，進行研究、撰寫及校對出版本書的經過，藉此說明本書與香港之關係。

　　一、一九八〇年（寓港，十二月）本書工作的記錄──一九八〇年十二月四日，閱皮錫瑞：《經學通論》；十二月五日，繼續閱此書；十二月十一日

---

[13] 徐復觀：〈中國文學論集續篇自序〉，《徐復觀最後雜文集》，頁65-66；廖伯源：〈徐復觀老師的治學與教學〉，張綺文：〈記憶中的徐復觀老師〉，曹永洋等編，頁203、469-479。張文對徐氏於新亞研究所任教及指導研究生論文，有生動記述。
[14] 引文均見，徐復觀：〈自序〉，《中國經學史的基礎》（臺北市：學生書局，1981年），頁2-4。

開始閱校〈先漢經學的形成〉一文,十二月十二日,校閱此文;十二月十三日,繼續校閱;十二月十四日,繼續校閱;十二月十五日,校閱完畢。十二月二十一日,摘錄賈誼:《新書》中有關經學之資料;十二月二十二日,摘抄賈誼:《新書》上與經學有關的材料;十二月二十四日,看《三國志集解》卷十三〈王肅傳〉,未發現他偽造《古文尚書》的痕跡;十二月二十五日:將《法言》及考證《兩漢藝文志》中的經學材料影印一百六十餘頁。十二月二十九日,摘抄《晏子春秋》與經學有關材料。[15]

二、一九八一年(寓港,一月至三月)本書工作的記錄——一九八一年一月五日,抄完《晏子春秋》上有關引《詩》的材料,翻閱唐晏:《兩漢三國學案》,亦收有可用之材料;一月八日查閱《韓詩外傳》中引用《書經》之文;一月十二日,開始著手寫〈西漢經學〉,並記「一著手,便遇到很多困難」;一月十五日,翻閱有關西漢經學材料;一月二十日閱完胡秉虔:〈西京博士考〉及王國維:〈漢魏博士考〉;一月二十一日,上午寫文約三小時,對博士一官出現之背景的說明,為前人所未及;一月二十二日,續寫〈西漢經學〉,寫完博士演變之第一階段,澄清了文帝設博士的傳統誤解;一月二十四日,繼續寫〈經學史〉,進度甚慢;一月二十五日,繼續寫〈經學史〉;一月二十六日繼續寫〈西漢經學史〉;一月二十七日繼續寫〈西漢經學史〉;二月七日,記「此乃我的生日,食素」;二月九日,中午參加新亞研究所在樂宮樓(尖沙咀)之茶會,搜整資料;二月二十三日繼續寫〈西漢經學史〉;二月二十四日寫〈西漢經學〉較順暢,對費(氏)易問題澄清兩千年之錯誤;二月二十五日,繼續寫〈西漢經學〉;二月二十六日,上午將《易》寫完;三月二日,繼續寫〈西漢經學〉;三月四日下午翻閱西漢經學資料;三月五日,寫〈西漢經學〉;三月七日,寫〈西漢經學〉;三月八日繼續寫〈西漢經學〉;三月九日繼續寫〈西漢經學〉;三月十一日,繼續寫〈西漢經學〉;三月十七日,將《尚書》之部分寫成。[16]

---

15 翟志成、馮耀明校註:《無慚尺布裏頭歸——徐復觀最後日記》,頁67、69、75。
16 翟志成、馮耀明校註,同上,頁83-85、88-93、97、102、105-108。

旅美（三月二十二日至九月一日）：此乃離港赴美治病。三月二十二日起行，乘中華航空班機，經臺北至美國洛杉磯。住東海大學早期學生夏友平之家，夏氏任教洛杉磯州立大學化學系。三月二十八日乘泛美七〇二班機，自洛杉磯抵休士頓。宿其四子徐帥軍及媳董媚玲之家。孫「元德見面即甚親熱，相聚真有家庭的感覺」。[17]四月二日，重讀《詩序》；四月三日，看完《詩序》；四月六日，開始寫〈西漢經學〉；四月七日，繼續寫〈西漢經學〉；四月十五日，將《詩》的部分寫完；四月十六日繼續寫《禮》的部分；四月三十〈西漢經學的傳承〉初稿寫完；五月二十四日，〈西漢經學〉初稿寫成，即開始第二次整理工作；五月二十六日，繼續改寫〈西漢經學〉；五月二十七日，繼續改寫工作；五月三十日，繼續改寫；[18]六月八日自休士頓乘大陸航空公司（Continental Airlines）飛機至紐約，住次女徐均琴及其婿陳宏光家。[19]六月十一日，繼續改寫〈西漢經學史〉；六月十六日，下午解決了《尚書今古文》中的困難問題，為之快慰；六月十七日，繼續重寫；六月二十一日，繼續重寫；六月二十二日，繼續改寫；六月二十三日，繼續重寫；六月二十四日，繼續重寫；六月二十六日，繼續重寫；六月二十七日，繼續重寫；六月二十九日，繼續重寫；六月三十日，繼續改寫；七月一日繼續重寫；七月二日，繼續重寫；七月四日，繼續改寫。七月六日，楊乃藩希望〈西漢經學史〉在該報（《中國時報》）出版；七月七日，繼續重寫；七月八日，重寫完，開始整理工作；七月九日，繼續整理；七月十日，繼續整理；七月十一日，繼續整理。[20]八月三日離紐約赴休士頓，四子帥軍與孫元德來接。媳媚玲於七月十六日生一女，取名元真。八月十一日自休士頓飛至

---

17 翟志成、馮耀明校註，同上，頁113、116，引文見頁116；夏友平：〈人去樓空音猶在——寫在徐師復觀逝世周年〉，曹永洋等編，頁226-228，夏氏早年於東海大學習化工，然隨徐復觀修習大二國文及文心雕龍兩科，一九八一年徐氏途經洛杉磯，均由其招待。
18 翟志成、馮耀明校註，同上，頁118、119、122、126、127、136-137。
19 翟志成、馮耀明校註，同上，頁141。
20 翟志成、馮耀明校註，同上，頁142-152。

拉索。三女徐梓琴及其婿林華富帶同外孫女元蕙來接機,寓居期間,每早在新墨西哥州立大學晨運。八月二十九日乘大陸航空公司飛赴洛杉磯,翟志成由舊金山來接機;九月一日,離美,翌日抵臺北桃園機場,學生書局張洪瑜,及仲瑩來接,住許昌街青年會,九月十一日離臺返港。旅美寓臺期間徐氏均至兩地醫院安德遜癌症中心(休士頓)及臺大醫院檢查、治療。[21]

回港後,新亞研究所孫國棟、趙潛來訪,「勸勿辭研究所講席」,繼續留所任教。講授《老子》及《文心雕龍》兩科。十一月十五日,午睡後,校臺北中央研究院寄來之文稿〈前漢經學史之形成〉;十一月二十六日,接學生書局承印《經學史之基礎》的契約;十二月十五日,上午寫〈經學史的基礎‧自序〉;十二月十六日,整理《西漢經學史》稿;十二月十七日,繼續整理史稿;十二月二十一日,稍整理《經學史》稿;十二月二十二日,翻閱資料,補《經學史》附註七十一,繼續校閱《經學史》稿;十二月二十三日,繼續校閱《經學史》稿;十二月二十四日,繼續校閱《經學史》稿,「後半部文字須加修改,故進行得特慢」;十二月二十六日,繼續校閱《經學史》稿;十二月二十七日,作《經學史》目錄,內容亦加調整;十二月二十八日,將《西漢經學史》整理就緒,航空掛號寄學生書局。[22]是為《中國經學史的基礎》一書成書之日誌,以下論述其內容。

三 內容及分析

徐氏之《中國經學史的基礎》,全書包括〈自序〉、〈先漢經學的形成〉、〈西漢經學史〉及〈附錄:有關春秋左氏傳的補充材料〉四部分,合共兩百六十九頁,第二部分占六十七頁,第三部分占一百八十五頁,為全書之重心。分別說明其前三部分之內容如下:

一、自序——徐氏開宗明義,說明經學為中國文化及其發展的主線,對傳

---

21 翟志成、馮耀明校註,同上,頁162-164、170、172、176。
22 翟志成、馮耀明校註,同上,頁177、193、196、201、204-206。

統中國文化的反思,當由經學史入手,而經學史的研究及撰寫,應由經學的傳承及其思想兩方面入手探究。因其時所見的經學史,以皮錫瑞的《經學通論》及《經學歷史》為例,只具「有傳承而無思想,等於有形骸而無血肉,已不足以窺見經學在歷史中的意義」。[23] 並謂皮氏的著述承襲清代今文派末流,以《春秋・公羊傳》為其立論核心,否定古文派,遂見其書「逞矯誣臆斷之能,立隱逆理之術」。使其決定對我國經學史的起源、奠基、傳承及其時代意義,作深入剖析,而有斯作。繼而說明〈先漢經學的形成〉及〈西漢經學史〉二文撰寫,乃得胃癌頑疾後,在港、美、臺三地檢查及醫療過程中,先後成文,並將撰寫及出版歷程,以至兩文的研究方法及特色,娓娓道出,期盼此書成為「今後寫經學史的人提供一個新的出發點」。[24]

二、〈先漢經學的形成〉——先漢中國經學,乃由《詩》、《書》、《禮》、《樂》、《易》、《春秋》所構成。此文首論經學起源,乃針對章炳麟謂周公乃經學集大成者,及皮錫瑞以孔子刪定六經為「經學開闢時代」之論而發。徐氏一方面否定章、皮二人的說法,另一方面爬疏先秦文獻,指出經學非成於一人一時。乃由周公及周室之史始行制作、撰寫及編纂《周禮》,《易》《詩》《書》等經籍,其動機與目的在於借助諸「經」的「義理而來的教戒」,[25] 是為經學的發端。此後經孔子及孔門,上承春秋時代貴族階層所重視的《詩》、《書》、《禮》、《樂》、《易》,進行整理,闡述,加以弘揚,使其普及於民間。而經學的形成,尤為值得注意者:其一,《論語》一書,為孔子與孔門弟子之對話,對此留下重要的文字記錄。其二,孔子晚年好易,推動孔門對易學的解釋,使「易的神秘性落實於人文之上」,而

---

23 徐復觀:〈自序〉,《中國經學史的基礎》,頁1。
24 引文見徐復觀:〈自序〉,同上,頁1-3。
25 徐復觀:〈先漢經學的形成〉,《中國經學史的基礎》,頁2-3。

「具備了由宗教落實於人文道德之上的結構」。[26]其三,孔子因《魯史記》而作《春秋》,此即孟子所說孔子之作春秋「其事則齊桓晉文,其文則史;孔子曰,其義丘竊取之矣」。使《易》及《春秋》得以入六經。由此可見,經學的基礎乃奠定於孔子及孔門,故徐氏謂「無孔子即無所謂經學」,遂斷言孔子「概括了後來之所謂六經,所以他才真正可以說集古代文化的大成」,而非周公。[27]孔子死後,其弟子、後學傳承其經學學問,形成儒家。繼由孟子發展了詩、書、禮及闡釋孔子作春秋的意義。由荀子發展了禮樂之教,並且將詩、書、禮、樂、易、春秋組成一起,而「經學之所以為經學,必具備一種由組織而具體化之形式」,此形式,成於荀子。[28]

此外,經學之最終得以形成,亦有賴於儒家以外之墨子、莊子、管子、韓非子及呂氏春秋等,對六經的引用,闡釋及創發,徐氏一一爬疏列論,至此五經六藝的經學,由是成形。[29]

三、〈西漢經學史〉——徐氏上文,透過先秦文獻論述中國經學的開端及形成,指明乃由周公、周室之史,孔子及其後學經過長期選擇,編纂闡述,編成《詩書》、《禮》、《樂》、《易》、《春秋》的經學原型。其目的在於作為政治及人生教化之用,此亦中國文化之所由生。而中國經學之確立,則成於兩漢,此時之徐氏因患惡疾,於生命臨終之際,只能完成西漢經學史斯篇。此為徐氏人生之「無奈」,然卻為香港經學史研究領域之「抱恨」。

徐氏此文,乃其所主張經學史研究,宜以經學「傳承」及「思想」之時代意義入手的示範之作。就傳承而言,以漢代五經博士成立及其演變,並及《易》、《書》、《詩》、《禮》、《春秋》、《論語》、《孝經》的傳承及其傳承中的問題,作出探究。就思想而言,將西漢經學思想劃分為「初期」及「中期以

---

26 徐復觀:〈先漢經學的形成〉,同上,頁24-25。
27 徐復觀:〈先漢經學的形成〉,同上,頁26-27。
28 徐復觀:〈先漢經學的形成〉,同上,頁27-36。
29 徐復觀:〈先漢經學的形成〉,同上,頁37-51。

後」兩大階段,透過對經學傳承者的經學思想之瞭解,從而說明其對漢代政治層面的影響。

西漢經學的傳承,乃因博士官制的建立而得以發展。博士官制,始源於秦統一天下,由具五經及雜學知識的儒士出任,而為皇帝提供政治諮詢。及至漢武帝時,因董仲舒之建議,而後立易、書、詩、禮、春秋之五經博士。博士從此獲得專門職掌而成為「專經」官僚,從而取得「經的法定權威地位」。最終則為公孫弘奏請博士置弟子,故博士官制凡三變。徐氏並指出王國維:〈漢魏博士考〉一文,提出秦代有諸生,意指「弟子」,而誤以為秦代早已設弟子。設置博士弟子後,博士具有教授弟子的固定職掌,此即大學教育的產生。而弟子員於「課試」後亦得以任官,從而使經學之士得以出仕,使學術與政治由是結成一體,徐氏並謂此一轉變乃「開爾後科舉毒害的先河」[30]。

繼而討論五經的傳承經歷及相關問題。徐氏以《史記》、《漢書》之〈儒林傳〉、《漢書》之〈藝文志〉及劉歆:《七略》中的〈六藝略〉為本,互相比對,探討五經的傳承。

首論漢初《易經》,本於田何。下傳施讎(博士)、孟喜、梁丘賀。施讎有張禹,彭宣之學;孟喜有翟牧(博士)、白光少子(博士)之學、梁丘賀從京房受易,而有士孫(博士),彭祖及衡咸之學,上述諸家皆列於學官;此外,尚有民間費直、高相傳承之學。[31]

次論《書經》,秦博士伏生,傳尚書而寫成隸書,即今文。一傳倪寬,再傳歐陽生,大小夏侯。而歐陽生下傳平當(博士)、陳翁生,是為尚書歐陽之學。此外,伏生另傳張生,再傳夏侯始昌及夏侯勝、夏侯建,而有大小夏侯之學。至武帝末,魯恭王壞孔子宅而古文尚書出於孔壁。較今文尚書多出十六篇,然未流通。時古文尚書則有孔安國,以古文對照今文之二十九篇解讀,古文所多出十六篇,歸入中秘,未收入。下傳司馬遷、劉歆。而劉氏為王莽時國師。[32]

---

30 徐復觀:〈西漢經學史〉,同上,頁69-80。
31 徐復觀:〈西漢經學史〉,同上,頁83-104。
32 徐復觀:〈西漢經學史〉,同上,頁105-133。

三論《詩經》，分魯、齊、韓、毛四家。魯申公（博士）以詩經為訓詩以教，弟子為博士者十餘人，其中江公及許生，最為著稱。江公盡能傳之，徒眾最盛，傳至韋賢，再傳子玄成，二人皆為宰相。魯詩遂有韋氏學之稱。至於許生，則再傳張長安（博士）、唐長賓（博士）、褚少孫（博士），故魯詩有張、唐、褚之學。而張長安傳許晏（博士），故張家有許氏學。齊詩以轅固（博士）為首，下傳后蒼（博士）、翼奉（博士）、匡衡（博士），師丹（博士）、伏理，故齊詩為翼、匡、師、伏之學。韓詩則始於韓嬰（博士），下傳王吉。食子公（博士），長孫順（博士），故韓詩有王、食、長孫之學。毛詩乃毛公（河間獻王博士）授徐敖、傳陳俠，時為王莽講學大夫。故言毛詩者本之徐敖。[33]

　　四論《禮記》，漢興，魯高堂生傳《士禮》十七篇。再傳至孟卿、授后蒼，再傳戴德、戴聖（博士），號大戴，小戴，及慶普孝公，故禮有大戴、小戴、慶氏之學。徐氏謂孔子立教「立於禮，約之以禮」，故孔子後學重禮，西漢儒者無不學禮，無不言禮，禮可「為政治、社會、人生的運行規整於合理的軌轍之上」。[34]

　　五論《春秋》，有〈公羊〉、〈穀梁〉、〈左氏〉三傳。齊胡母生（博士），與董仲舒同治公羊春秋，三傳弟子嚴彭祖（博士）與顏安樂，故公羊春秋有嚴、顏之學。穀梁春秋由魯申公傳江公與董仲舒，二人為同年。江公傳子至孫為博士，繼傳胡常，尹更始、房鳳，並有魯榮廣王孫、皓星公二人受其學。下傳至蔡千慶、周慶、丁姓、劉向，以至申章。穀梁春秋大盛。故穀梁春秋有尹、胡、申章、房氏之學。至於左氏春秋，始於張蒼、賈誼，下傳至賈護、劉歆。故「左氏者本之賈護、劉歆。又文中指出公羊傳授，實始於董仲舒而非胡母生，並討論穀梁於石渠會中獲得立官，進而說明司馬遷以左氏春秋為「孔子春秋的可以信賴的嫡傳」。[35]

---

33 徐復觀：〈西漢經學史〉，同上，頁133-161。
34 徐復觀：〈西漢經學史〉，同上，頁162-168。
35 徐復觀：〈西漢經學史〉，同上，頁169-186。

此外，《論語》為孔子死後，門人輯纂孔子與弟子、時人對答之語錄。而《孝經》為孔子與曾子陳孝道之書，皆屬傳而非經，未立於學官，然而《論語》與《孝經》兩書，在西漢發生之作用卻遠過五經，故漢人已視之為經。[36]

上述五經博士立官，而成官學，然從〈儒林傳〉所述，亦見有漢一代經學，除朝廷立官，推行官式講學外，尚有郡國所立的學官，及民間之私人講學，均見盛行。使經學在漢代，得以廣披於社會，成為中華民族形成的重要文化建構力量。可見經學之於漢代，於國家與社會層面，均產生重大影響。此即徐氏進而探究西漢經學思想之因由。務求對「傳承者對經學所把握的意義」[37]，得以展示。此經學史的研究，必須兼具傳承與思想兩方面，才得見其完整性。

對西漢經學思想之發掘，徐氏借漢初陸賈：《新語》、賈誼：《新書》、《淮南子》、董仲舒：《天人三策》、司馬遷：《史記》等著述，陳明所包含五經六義之天道、人道、仁義、禮樂的人倫之教；以至於透過對漢中期後之奏議、詔令的分析，均見其流露出融攝五經六藝於字裏行間，儒家經典中的政治思想流衍，遂促使在「皇權專制政體，以刑罰為運行的骨幹」的建構下，儒家提供了漢室政治的思想綱維，從而穩定政局，以此得見經學思想與政治現實的密不可分，經學史之研究，至此方見其真實意義。[38]

四 結論

香港為中西文化交流之地，因而經學研究亦始受學界關注。一九四九年前早已有傳教士理雅各及晚清遺老賴際熙等首開其先。然其研究之普受注意，當自一九四九年錢穆、唐君毅、張丕介等創立新亞書院及研究所，發揚傳統中國學術、文化及求其更新，最為矚目。本港之經學研究由是進入新階段。其中熊十力門人唐君毅、牟宗三及徐復觀三人皆任教於新亞，鼓吹尤

---

36 徐復觀：〈西漢經學史〉，同上，頁169-186。
37 徐復觀：〈西漢經學史〉，同上，頁208。
38 徐復觀：〈西漢經學史〉，同上，頁208-240。

力,是為新儒家之立足香江而見經學研究之發皇。三人中以徐復觀最為用心,以治思想史之研究「蹊徑」,重啟中國經學史之研究,並於一九八二年臨終前,出版《中國經學史的基礎》一書,遂為香港經學史之研究,重啟研究之新契機。本文即就此論述徐氏之生平與學術,繼而縷述其撰寫本書之日程及其內容,從而賦予徐氏於香港經學史之學術地位。

就中國經學史研究而言,經學乃傳統中國社會與文化形塑之由來。其間並衍生出儒學一脈,成為我國帝制時代治國經世之主體學問,故經學與儒學密不可分,此即兩千年來中國政治體制、社會結構和經濟形態之所本。由此可見,經學實為瞭解「傳統中國」之「關鍵」,不容忽視。是故經學研究素為中外學者所關注,[39]而徐氏斯作,即為此一「學術關懷」的典範新作。是書之出版,論者以為此乃徐氏對其時經學史研究的反思,並對先秦、兩漢經學之萌芽及確立時期的深入研究,多所創獲,為經學史研究注入新的動力。

該書疏證經學之源流,指出此乃發端於周公及周朝之史官,進而成於孔子及其後學如孟、荀等人之手,從而使五經經學得以確立,由是肯定孔子在經學形成歷程中之重要地位。尤有進者,徐氏探究西漢於秦火後五經今古文之傳承譜系,進而論述五經博士設官,而更重要則為博士教育「弟子員」,普及經學之專業。博士及弟子員遂於兩漢藉「通經」而得以致仕,位居朝廷。徐氏又從其時之儒臣奏議及皇帝的詔令中,得見朝臣多具通數經之學問,應用經學而行「經世致用」,使經學得以由社會層面進入政治層面,從而發揮其「治國平天下」的政治能量,是為經學之生命力。而此後傳統中國文化體系亦由此得以滋養成形,此為經學史研究之重大意義者。就此而論,徐氏此書對先秦、兩漢的經學史之研究,顯具貢獻。[40]綜觀《中國經學史的基礎》一書,經學締造傳統中國文化之精神,躍然於字裏行間,無疑為徐氏藉經學研究肯定傳統中國文化及對其「復生」之再肯定與期盼。可惜徐氏早逝,只能完成中國經學史之萌芽及確立階段,未竟全功,頗為令人惋惜。顯

---

39 〈現行經學史及其相關問題〉,《中國文哲研究通訊》,1卷3期(1991年),頁126-153。
40 林慶彰:〈評徐復觀著中國經學史的基礎〉,《漢學研究》,1卷1期(1983年),頁332-337。

然中國經學史之研究及其對當代中國文化未來發展之定位，仍有待來者。[41]

圖一　徐復觀著《中國經學史的基礎》封面

---

[41] 晚近經學史研究，其中一例為臺北萬卷樓圖書公司出版的「經學史研究叢刊」，其中新作如林慶彰：《中國經學研究的新視野》（2013年），車行健：《現代學術視域中的民國經學》（2011年）等書。

全漢昇（1912-2001）在白銀研究的成就

楊永漢

一 前言

全漢昇先生（1912-2001）於一九三五年畢業於北京大學歷史系，在學期間，受陶希聖教授及傅斯年教授影響，專心研究社會經濟史，發掘材料，開歷史研究另一局面，並完成《中國行會制度史》，備受學界注視。畢業後，陳受頤主任的推薦，進入中央研究院歷史語言研究所研究，撰寫《唐宋帝國與運河》，可謂發前人之未知。一九四四年，獲推薦到美國哈弗、哥倫比亞、和芝加哥等三所著名學府進修，跟從 Abbott P. Usher、Shepherd B. Clough、John U. Nef 等經濟史大師研究，學習西方研究方法，奠定日後中西學術交流基礎。全先生研究範圍非常廣泛，從中古經濟史、明清經濟、白銀流動、中外貿易、近代工業化等，均有非凡成就。全先生研究白銀產量、流通、應用問題上，細致用心，網羅中外資料，爬梳比較，發前人之未見。全先生發現西班牙、葡萄牙從南美帶來大量白銀，直接影響中國白銀應用，繼之成為流通貨幣。其研究成果，堪稱為世界體系理論研究之先聲。

弗蘭克（A.G. Frank）的《白銀資本》[1]於二〇〇〇年於中國出版譯本，在討論世界體系發展時，被學界認為有創新獨到的見解，爭相討論。其重點是指出以歐洲為中心的歷史研究學者，錯誤地把十七世紀（1600）的全球經

---

[1] 〔德〕安德烈・貢德・弗蘭克（A. G. Frank）著，劉北城譯：《白銀資本》（北京市：中央編譯出版社，2000年）。

濟中心放在歐洲而非亞洲。弗蘭克（A.G. Frank）更認為全球白銀流向中國是因為歐洲沒有足夠的實物交易與中國貿易，惟有以白銀購買。同書有陳燕谷的評語：

> 一九八九年阿拉伯裔美國學者阿布-盧格霍特（Janet Abu-Lughod）發表〈在歐洲霸權之前：1250-1350年間的世界體系〉一書，成為世界體系理論發生分化的契機。阿布-盧格霍特提出的新觀點是，在十五世紀以後以歐洲為中心的現代世界體系出現之前，就曾經存在過另外一個世界體系，同包括歐洲在內的其他地區相比較，亞洲在這個較早的世界體系中占有更為重要的地位。阿布－盧格霍特並不企圖對現代世界體系理論提出挑戰，她認為這個世界體系到一三五〇年就已解體，並且在一個世紀後由一個以歐洲為中心的新的現代世界體系取而代之。但是，在現代之前就已經存在著一個包括歐亞非三大洲的世界體系。這一觀點卻使弗蘭克開始懷疑他自己一向認同並為其作出貢獻的現代世界體系理論。在評論阿布－盧格霍特的書評裡，弗蘭克提出「現代資本主義世界體系」也許並不是一個無中生有的世界體系，而只是阿布-盧格霍特所說的同一個世界體系的延續。……讓人（包括歐洲人、亞洲人，尤其是中國人）吃驚的是，弗蘭克認為這個時代，也就是航海大發現直至十八世紀末工業革命之前，是亞洲時代，確切地說，亞洲就是中國和印度。[2]

指出自航海大發現至十八世紀末，其實是亞洲時代，亞洲是指中國和印度。

早於費蘭克數十年，全漢昇教授已對此問題有深入的研究，而其結論更是震驚學界。本文試就全漢昇教授在研究白銀上的成就作一簡介，從白銀流動，看中國如何成為世界的經濟中心。內文亦會引用費蘭克的研究成果，作為補充。

---

[2] 陳燕谷：〈重構全球主義的世界圖景〉，見〔德〕安德烈・貢德・弗蘭克（A. G. Frank）著，劉北城譯：《白銀資本》（北京市：中央編譯出版社，2000年），頁5-7。

在研究中國貨幣史上，有一重大議題：為甚麼中國自十五世紀以後，長達五百多年能以白銀為主要貨幣？學者所考慮的問題有二：一是中國白銀產量為何能供應全國應用？二是中國為何以白銀作為主要貨幣，而不選擇其他金屬？全漢昇教授在此議題上有著開創性的成就。現從幾方面討論這些議題。

二　國內白銀產量及購買力升降

明初發行寶鈔，面值一貫，即一千文（行使價約值銅五十文至一百六十文之間）。其價值不斷下跌，一百二十年後，其價值不及原來千分之一；一百六十年後，不及萬分之一。據此，明政府雖然明令不准使用白銀，但人民為保護自身利益，自然藐視此法令。故到宣德三年（1428）停發新鈔。其後，正統元年（1436），准許民間以銀代米，交納稅收，稱「金花銀」。白銀成為貨幣並不是中央有意識推行的，而是由下而上的改變。明代賦稅折銀，並不是始於正統，大規模的貨幣化，應是成化、弘治時期（1465-1505），逐漸推展至全國。白銀貨幣化，當以「一條鞭法」為標誌。貨幣化的過程並不是由中央向全國頒發，而是以「從民便」開始。

全先生搜尋正史、筆記、時人文集、《明實錄》等大量資料，列出明中葉後，銀錢的的應用比率及銀購買力的升降以天啟元年（1621）為例，太倉銀的歲入為銀三百二十五萬兩千五百五十六點九六二兩，錢三千一百零一十九萬兩百零五文，折合銀五萬一千六百九十八兩，錢的比率占百分之一點六；歲出為銀三百一十八萬七千八百九十九點五六六五四五兩，錢兩千四百七十三萬三千零六十五文，折合銀四萬一千兩百二十一加兩，錢的比率占百分之一點三。[3] 距今約六百多年前，錢銀的應用剛好相反，（宋）至道元年（997年）歲入錢為一千兩百三十二萬五千加貫、銀三十七萬六千兩（合錢三十萬零八百貫）；歲出錢一千六百九十三萬加貫、銀六萬兩千兩（合錢四

---

[3] 全漢昇：〈自宋至明政府歲出入中錢銀比例的變動〉收在氏著《中國經濟史論叢》（香港：新亞研究所，1972年），上冊，頁361，〈表一一：天啟元年（1621）太倉歲出入銀、錢數〉。

十九萬六千貫）。歲入銀數為錢的百分之二點四，而歲出銀錢比率是百分之二點九。[4]至天禧五年（1021），錢銀歲出入的比率有明顯變化，分別為歲入百分之五點三及歲出百分之三點四。[5]

從天啟年間向宋代上溯，約六百年間的錢銀納稅比例幾乎完全相反，錢由九成以上繳納稅項，到明代竟下跌至不足半成。推敲此情況，應是銀的供應充足。從明代的銀課收入足以反映明代銀礦的出產量。全先生根據中央研究院出版的《明實錄》校印本，對明代各朝作出銀課的統計：

朝代	銀課收入（兩）
洪武朝合計	75,070+
太宗朝合計	4,934,898+
仁宗朝合計	212,864
宣宗朝合計	2,308,058
英宗朝合計（含景帝朝）	930,833+
憲宗朝合計	1,424,020
總計	9,885,743

資料來源：全漢昇：〈明代的銀課與銀產額〉，收在氏著：《中國經濟史研究》（香港：新亞研究所，1976年），中冊，頁210-216，〈第一表明代銀課收入〉。

全先生根據所得銀課（包括金、銀課）數字，得出如下的平均數字：

朝代	每年平均銀課或金、銀課（兩）
太祖朝（1390-1393）	25,070+
成祖朝（1402-23）	224,313+
仁宗朝（1424-1425）	106,432

4　全漢昇：〈自宋至明政府歲出入中錢銀比例的變動〉，頁355，〈表一：至道元年（997年）歲出入錢、銀數〉。

5　全漢昇：〈自宋至明政府歲出入中錢銀比例的變動〉，頁356，〈表二：天禧五年年（1021）歲出入錢、銀數〉。

朝代	每年平均銀課或金、銀課（兩）
宣宗朝（1426-34）	256,450+
英宗朝（1435-1463）	46,541+
憲宗朝（1464-1486）	61,913+
孝宗朝（1487-1504）	54,628+（金、銀課）
武宗朝（1505-1520）	32,920（金、銀課）

資料來源：全漢昇：〈明代的銀課與銀產額〉，收在氏著：《中國經濟史研究》（香港：新亞研究所，1976年），中冊，頁218-219，〈第三表：明代歷朝每年平均銀課或金、銀課〉。

明代的銀課收入主要是來自銀礦的開採，從十四世紀九〇年代開始約一百三十年間，最初的三分之一有增加，而最後的三分之二卻減少。[6] 然而，在明的貨幣中，銀的流通較銅重要高得多。全先生認為原因是銅的出產量減少，鑄造成本又高，行使價值卻低。銅的鑄造額不能滿足商業需要，銀就成為主要貨幣。自宋至明，銀的產量下降：

> 因此，宋、明政府就是每年得到同樣數量的銀課收入，宋代銀礦產量也一定要較明為大。何況明代大部分時間每年平均的銀課收入，都遠在北宋中葉之下呢？對于宋、明銀礦及其他金屬礦產的生產情況，早在弘治五年（一四九二），丘濬已經加以比較，……丘氏的話雖然是泛指各種金屬礦產來說的，但單獨就銀礦生產來說，他認為自宋至明有下降的趨勢，顯然也是不可否認的事實。[7]

根據宋、明政府銀課的收入估計，自十世紀末葉以後，中國銀的產量沒有增加，反而有下降的趨勢。由宋代發展至明代，全教授研究白銀在宋及明代購買絹和白米的價值變化，得出結論是白銀的購買力增加一倍左右。

6　全漢昇：〈明代的銀課與銀產額〉，頁219。

7　同上註，頁223。

其後明代改革中推行的開中法及一條鞭法均是以銀為收納貨幣。究竟銀從何來？全先生在研究白銀流入中國的情況，有石破天驚的發現，影響非常深遠。

三　白銀流入中國

明初推行寶鈔，然而寶鈔沒有「準備金」作為支持，一開始幾乎已注定是失敗。根據《太祖實錄》紀錄，西元一三九〇年內已發寶鈔六十九次，用於不同的事情上。此年所發寶鈔值九千五百萬貫，而寶鈔收入額值是兩千零三十八萬二千九百九十貫，多出約七千五百萬貫。此數為全國兩年半的田賦總值，如此，豈有不失敗之理。[8]？上文已提及寶鈔長期大幅貶值，令民眾失去信心。

其次，鼓鑄銅幣又難實行，因為銅錢經常流出海外，當銅價高於錢幣時，民間又會熔錢為銅。可想而知，單單貨幣，已是政府頭痛的事。故白銀流入中國，一定程度上協助中國發展財經。

白銀是透過西班牙船隊，以不同途徑流入中國。陳燕谷〈重構全球主義的世界圖景〉根據前人資料估計十六～十八世紀流入亞洲（主要是印度及中國）的白銀數量：

> 哥倫布沒有到達印度，但他發現了至關重要的貴金屬。據經濟史權威的估計，從一四九三年到一八〇〇年世界白銀產量的百分之八十五和黃金產量的百分之七十來自拉丁美洲。美洲白銀生產在十六世紀約為一萬一千七百噸，到十七世紀約為四萬兩千噸，其中有三萬一千噸運抵歐洲。歐洲又將百分之四十約一萬兩千噸運往亞洲，其中有四千至五千噸是直接由荷蘭東印度公司和英國東印度公司運送的。另外有六千噸運往波羅的海地區和利凡特地區，其中一部分留在當地，其餘部

8　黃仁宇：《十六世紀明代中國之財政與稅收》（北京市：生活・讀書・新知三聯書店，2001年），頁82。

分繼續向東到達亞洲。美洲白銀十八世紀的產量約為七萬四千噸,其中有五千兩百噸運抵歐洲,其中百分之四十約兩萬噸運往亞洲。另外留在美洲本土的白銀約有三千噸橫渡大平洋經馬尼拉運抵中國。如果再加上日本和其他地方生產的白銀,全球白銀產量的一半最終抵達亞洲,尤其是中國和印度。[9]

陳燕谷指出全球白銀的產量約一半運到亞洲,大部分進入中國。全漢昇先生在上世紀七十年代發表論文,指出西班牙是銀的輸出國,將其數量、路線有系統地表達出來:

哥倫布於一四九二年,即明弘治五年,由於西班牙政府的資助,發現了美洲新大陸。在新大陸的各種天然資源中,儲量豐富的銀礦引起西班牙人的注意,因此在十六、七世紀對各地銀礦從事大規模的開採。其中最重要的一個,是在秘魯南部(Upper Peru,今屬Bolivia)的波多西(Potosi)銀礦。這個銀礦位於一六、一五二英呎高的山上,於一五四五年被發現。由於這個銀礦的採煉,在一五四九年有人親眼看見西班牙王室按產量徵收五分之一的銀課(royalfifths),每星期高達二五、〇〇〇西班牙銀元(pesos,以下簡稱西元)至四〇、〇〇〇西元;自一五四八至一五五一年,西王室在秘魯的銀課總收入共達三百萬「篤卡」(ducados)以上。每一「篤卡」約等于中國銀一兩,故十六世紀中葉西王室在秘魯徵收的銀課,每年超過一百萬兩。

另外一位研究美洲歷史的作者,估計在十六、七世紀,西班牙王室每年在秘魯的銀課收入,約為一百五十萬西元。按每一西元,通常等於輔幣八「料厘」(real),或中國銀七錢二分。如果按這個比率來計算,西王室每年在秘魯徵收的銀課,約為一百萬兩多點。可是上述作者又說,他所指的西元,每一枚合輔幣十三又四分之一的「料厘」。

9 　陳燕谷:〈重構全球主義的世界圖景〉,頁8。

由此推算，當日西王室每年在秘魯的銀課收入，約為銀一、七八八、七五〇兩。[10]

據上列資料，可知道美洲銀產量的概況[11]：

一、十六～十七世紀，西班牙在秘魯南部（Upper Peru）的波多西（Potosi）開採銀礦，每星期達兩萬五千～四萬西班牙銀元（pesos）。自一五四八～五一年間，西班牙皇室所以銀課約三百萬篤卡（ducados）。每篤卡約值中國一銀元。

二、據 Phil. Isls. 原書記載，西班牙皇室每年銀課收入約為一百五十萬西元。

自十六世紀開始，美洲銀礦的產量非常豐富，單是秘魯的波多西（Potosi）已占全球銀產量百分之六十強。根據西班牙政府的統計，由一五〇三～一六六〇年，由美洲運往西班牙的白銀共一百六十億八千八百八十六萬八萬五千三百零三公分，黃金約一億八千一百三十三萬三千一百八十公分，不包括走私數字。大量的白銀流入西班牙，促使西班牙在十七世紀的首十年，其物價的漲幅已是過去一百年的三、四倍。西班牙的物價遠較他國為高，而銀的購買力相對地低。美洲所發現白銀不獨令歐洲產生變化，遠至中國，亦受到影響。

全先生另一論文〈明清間美洲白銀的輸入中國〉可謂是研究全球經濟體系的先驅，論及全球化、世界貿易及交通。白銀流入中國的過程：

> 位於太平洋兩岸的中國與美洲，自十六世紀中葉後，以西班牙統治下的菲律賓作媒介，雙方已經發生相當密切的經濟關係。因為西班牙本土與菲律賓的直接交通，為最先發現好望角新航道的葡萄牙人所阻撓，故該國政府須以西屬美洲作基地來從事對菲島的統治與殖民。為著要加強美洲與菲律賓間的連繫，自一五六五年起至一八一五年止，

---

10 全漢昇：〈明代的銀課與銀產額〉，頁224。
11 全漢昇：〈自宋至明政府歲出入中錢銀比例的變動〉，頁365。

共達兩個半世紀之久，西班牙政府每年都派遣一艘至四艘（通常以兩艘為多）載重由三百噸至一千噸（有時重至二千噸）不等的大帆船（galleon），橫渡太平洋，來往於墨西哥阿卡普魯可（Acapulco）與菲律賓馬尼拉（Manila）之間。因為太平洋上有這些大帆船來回航運，美洲與菲律賓間的貿易自然要發展起來。雙方貿易的商品，當然有種種的不同，但美洲對菲的輸出以白銀為主，菲島對美的輸出，則以中國絲貨（生絲及絲織品）為最重要。[12]

早在一五六五年西班牙第一艘大帆船到達菲島時，已知道中國明朝需要大量的白銀。全先生在不同的資料中證明當時馬尼拉政府是非常容易運用白銀交易，換取中國貨品，包括引用財務官拉維撒理（Guido de Lavezares）於嘉靖四四年（1565）寫給墨西哥最高法院要求補給清單中列有銀貨銀條等項目。馬尼拉政府寫給西班牙政府的報告中，也指出中國的貨品很容易賣出。[13]全先生搜羅中西方能見的資料，列出從十六世紀至十八世紀運往菲島的數額，一般是二、三百萬西班牙元[14]，據馬尼拉最高法院檢察長向西班牙王報告，指自一五六五年來，運往菲島的銀元超過二萬萬西元[15]。

中國白銀產量減少，銅價及寶鈔不穩定，沒有美洲白銀流入，不可能有貨幣上的變革。全先生詳列自明中葉到清初的白銀流入中國，期間論及西班牙三十年戰爭及清初海禁的影響，結論是流入中國的白銀約二萬萬西元以上，這促使明中葉後能全面以銀為貨幣的主要原因。

明代中葉的銀產量與秘魯相較是一大一小。這些白銀隨著美洲與菲律賓之間的貿易而流入菲島，透過中菲貿易再流入中國。由於大宗的貿易多以生絲和絲織品為主，中國商人乘勢輸出大量絲貨而換回大量白銀，其數額足以使白銀成為主要流通貨幣。自菲輸華的銀子，初時約十萬西班牙銀元（西

---

12 全漢昇：〈明清間美洲白銀的輸入中國〉收在氏著：《中國經濟史論叢》上冊（香港：新亞研究所，1972年），頁435。
13 同上註，頁437。
14 同上註，〈第一表：十六、七、八世紀美洲白銀每年運菲數額〉，頁438-439。
15 同上註，頁439。

元），一五八六年前約三十萬西元，到一五九八年以前增加至迂一百萬西元以上，而且每年遞增。到十七世紀前半，每年已增至二百多萬西元。到一七二九年以前，已達三、四百萬西元[16]由此可斷言，明代能以白銀為主要貨幣是因為有大量白銀流入的緣故。

明人普遍以白銀為主要貨幣時，白銀有兩大途徑輸入中國。一是嘉靖年間（1522-1566），日本銀礦產量增加，通過中、日的走私貿易，不少白銀流入中國；二是嘉靖四十四年（1565），西班牙人以西屬美洲為基地，占據菲律賓。自此以後，西班牙政府每年派遣兩三艘大帆船，橫渡太平洋來往於墨西哥阿卡普魯可（Acapulco）和菲律賓馬尼拉（Manila）之間。[17]

全先生估計：

> 每年自菲輸華的銀子，初時約為數十萬西班牙銀元（即peso，以下簡稱西元）；其後越來越增加，到了十六世紀末葉已經超過一百萬西元；及十七世紀前半，每年更增加至二百萬或二百餘萬西元。由於這許多銀子的輸入，明中葉後各地銀供應量自然較前激增，故市場上能夠普遍用銀來交易。[18]

而明代銀的購買力是宋、元時兩倍：

> 作者曾經指出自宋至明白銀購買力上升的趨勢，說明代江南平均每石米價（以銀表示）約為宋、元間的百分之五十，每匹絹價約為百分之三八多點，每兩金價約為百分之六三。綜合起來，我們可以判斷，明代白銀的購買力，約為宋、元時代的兩倍左右。[19]

---

[16] 全漢昇：〈明清間美洲白銀的輸入中國〉〈第二表：明、清間美洲白銀每年經菲輸華數額〉，頁444。

[17] 全漢昇：〈自宋至明政府歲出入中錢銀比例的變動〉，1972年，頁365。

[18] 同上註。

[19] 同上註，頁366。

至於銀的購買力，全先生在〈宋、元間以銀表示的金一兩的價格〉表及〈明代以銀表示的金一兩的價格〉表[20]，列出自宋至明金銀的折換率，而推算出如下的結論：

> 明代金價非常低廉，每兩平均價格為銀六兩四錢七分，約等於宋、元時代平均價格（每兩換銀十兩零三錢少點）的百分之六三。宋明間白銀購買力的變動及其原因在明代頭二百五十年左右，金價最低時每兩只值一兩六錢七分，最高時每兩換銀八兩有多，而大部分時間每兩金價為銀六兩上下。到了明朝最後十年，金價上漲至每兩換銀十三兩，纔將近達到北宋金價的最高水準。因此，從以銀來表示的金價的變動來看，中國白銀的購買力，在自北宋至明末六百餘年的期間內，有長期增長的趨勢。

銀普遍應用的原因是明代商業發展中，紙幣不斷的貶值，而銅的價值低下而又不穩定，完全不能滿足各地市場上龐大的貨幣需要，故銀兩便普遍流通起來。白銀大量流入，造就了適當的環境，以白銀為交易貨幣。

明代白銀貨幣化開始於江南，田賦折銀逐漸增多，主要是用於交通不便、運輸困難的地方；有折銀兩救災、有稅糧折銀的情況。[21]雖然中央不斷申明本色徵收糧稅，可是，發展至成化期間，已可看到，白銀貨幣已破壞了原來的制度。到正德初年，各地京運納銀解京召商上納得到准許，是京糧化的具體過程。[22]費正清（J. K. Fairbank）認為當時白銀流通，卻未能成為通行貨幣：

---

20 全漢昇：〈宋明間白銀購買力的變動及其原因〉,〈第一表：宋、元間以銀表示的金一兩的價格〉及〈第二表：明代以銀表示的金一兩的價格〉收在氏著：《中國經濟史研究》中冊，頁181，183。
21 萬明主編：《晚明社會變遷問題研究》（北京市：商務印書館，2005年），頁149。
22 同上註，頁149-150。

> 不幸的是，從日本和美洲流入的白銀並未帶給中國白銀通貨。銅錢和銀子一併通用，形成類似複本位的制度。人們日常交易都用銅錢，……。拿白銀來鑄幣以維持通貨穩定是不可能的，因為明朝政府從未有過鑄銀幣的打算。用一塊銀子繳稅並不是計畫決定的，而是因為其他通貨都不管用了，逼不得已才用銀子。純銀塊的流通非常不便，因為各地用的「兩」，單位大小不同。有時候，一個城市同時通行二十種不同的銀兩……。流通中的每錠銀子還要秤，要驗純度。這些條件造成銀兩單位雜亂，兌換方式繁多，操作錢的人可從中取利，而且可以支配想投資做計畫生產事業的人[23]

費正清（Fairbank, J. K.）指出明政府無意以白銀作為流通貨幣，而民間卻無可奈何的以白銀為交易媒介。這樣，容易造成兌換混亂，負責白銀交易的中間人可從中取利，造成投資者的風險。其後，逼使明政府不得不承認銀的貨幣地位。

四　白銀與中外貿易

早在宋朝，政府已刻意發展海外貿易，包括建立「內壕」，讓外來船集避風，也設宴鼓勵揚帆回國的海外交易的蕃商，稱為「犒設」。[24]當時的貿易主角，主要是來自大食，廣州有蕃坊、蕃巷、蕃市等外國人聚居的地方。據《宋會要・職官四四》記載除大食外，外國商旅還包括古邏、闍婆、占城、勃泥、麻逸、三佛齊、賓同朧、沙里亭、丹流眉等。貿易貨品以金、銀、緡錢、鉛、錫、雜色帛、精麤瓷器市易香藥、犀、象、珊瑚、琥珀、珠琲、賓鐵、鼉皮、瑇瑁、瑪瑙、車渠、水精、蕃布、烏楠、蘇木之物為主。

---

[23]〔美〕費正清（Fairbank, J. K.）著，薛絢譯：《費正清論中國：中國新史》（臺北市：正中書局，1998年），頁139-140。

[24] 全漢昇：〈宋代廣州的國內外貿易〉，收在氏著：《中國經濟史研究》，中冊，頁93。

另外，宋代是產銅量最大的國家，曾大量流出，其後國家禁止銅錢流出，穩定了國內銅錢的價值，這裡不細述。

一七四八年美國商船中國皇后號，於乾隆時到達中國，其實，在此之前的兩百多年，中國貨物已運銷於美洲，以馬尼拉為轉運口岸，中國絲貨已經長期大量運銷於西屬美洲了。尤其是當時每年銀產量占當日世界總額百分之六十以上的祕魯（Peru），因為購買力特別強大，更成為中國絲織品的大主顧。

由於大量白銀流入亞洲，直接影響中國絲織品及瓷器的出產。江南外銷的絲棉織品占全區出產百分之六十～八十，從中國輸出的絲綢數量，每年就有一千英擔絲綢輸出到葡屬印度群島、菲律賓，載滿了十五艘大船。輸往日本的絲綢，更加是不計其數。弗蘭克已指出這種貿易不平衡現象，歐洲需要東方的絲綢、瓷器、茶葉等貨物，而西方沒有足夠的貨物輸出東方，惟有以白銀補上。J.C. 范勒爾（1955:126）估計自十五世紀至十六世紀，東南亞大約有四百八十艘重量在二百至四百噸的貨船，其中約有一百一十五艘是航運於中國與印度地區[25]。

十九世紀初，中國沿海省分出海的船隊，已遍及日本、菲律賓、梭羅、蘇拉威西、西里伯斯、摩鹿加、婆羅洲、爪哇、蘇門答臘、新加坡、廖內、馬本西亞半島東岸、暹羅、交趾支那、柬埔寨及東京灣[26]。而且，貿易控制權主要是落在中國人手裡，很多貿易都在各處的「唐城」進行，其後形成華僑的聚居點。所以，弗蘭克強調「最西方地區與最東方地區的長期貿易赤字，使得白銀主要向東流動」[27]，這結論幾乎是他的論文重點的所在。

絲織品的急切需求，造就了南方經濟畢常蓬勃，試以明代張瀚（1510-1593）家族發跡作個例子。張瀚：《松窗夢語》曾記其先祖發跡的事情：

---

25 轉引自〔德〕安德烈・貢德・弗蘭克（A. G. Frank）著，劉北城譯：《白銀資本》，頁148。

26 〔德〕安德烈・貢德・弗蘭克（A. G. Frank），頁149。

27 同上註，頁107。

因罷酤酒業，購機一張⋯⋯每一下機，人爭鬻之，計獲利當五之一。⋯⋯積兩旬，復增一機，後增至二十餘。商賈所貨者，常滿戶外，尚不能應。自是家業大饒，後四祖繼業，各富至數萬金。[28]

張瀚祖先是從成化年間（1465-1487）開始發跡，歷四代不衰，且每房擁資過萬金，不可謂不鉅。一張機一般需要二、三人操作，二十餘機則需要六、七十人操作。家庭成員不足此數，則需要聘請傭工。家庭成員有限，傭工則無限，可以致富者，是跳出家庭工業而進入大規模生產的模式。故張瀚解釋三吳致富者，多與其家族興起類似，「余總覽市利，大都東南之利莫大於羅、綢、絹、綺，而三吳為最」。[29]

其他如張瀚先祖起家情況相似的，有蘇州的潘壁成，據《萬曆野獲編》載潘的致富是「起機房織手，至名守謙者始至大富、致百萬」[30]。如果普通人家，家中只有一張機，每年養幾筐蠶，夫婦同力，幾年間增至三、四張機，家中已是饒裕。不上十年，其家可積千金家財，並起了有三四十張機的機房。當時有諺語「上有天堂，下有蘇杭」，應不獨指風景優美而已，而應是生活無憂。

除絲織製品外，瓷器亦是另一主要出口貨物。姑略言其狀況，以證明代經濟蓬勃。南京的陶瓷廠，每年可生產一百萬件瓷器。其中有為專門為出口歐洲而設計的，瓷器繪有宮廷圖案；出口伊斯蘭國家的瓷器則繪有雅緻的抽像圖案。有學者認為明代工業產量占世界三分之二。中外學術界公正的指出當時中國已具有占全球財富總量的三分之一的經濟實力，國內生產總值約占全球百分之三十。[31]另一以陶業為中心的景德鎮，其工業晝夜不停，〔明〕王世懋有如下的記載：

---

28 〔明〕張瀚：《松窗夢語》（北京：中華書局，1997）卷6，頁119。
29 〔明〕張瀚：《松窗夢語》卷4，頁85。
30 〔明〕沈德符：《萬曆野獲編》（北京市：中華書局，1997年）卷28，〈守土吏狎妓〉條，頁713。
31 Zhang Qiang：〈以史為鑑，可知興亡：大明帝國的GDP及其崩潰〉（2003年），網址：https://www.epochtimes.com/b5/5/12/19/n1159197.htm。

> 江西饒州府浮梁縣，離縣二十里為景德鎮，官窯設焉。天下窯器所聚，其民富繁富，甲於一省。余嘗，以分守督運至其地，萬杵之聲殷地，火光燭天，夜令人不能寢。戲目之曰：四時雷電鎮。[32]

對外貿易當不止絲織品及陶器，只兩類為大者，故特別論及。至於絲織品運往美洲的情況，全先生有如下的記載：

> 明代（1368-1644）中國的情形，很有利于絲貨的向美洲輸出。明初政府曾經發行大明寶鈔，但經過六十餘年以後，由於寶鈔發行激增，價值低跌，全國各地開始普遍用銀代替寶鈔來作貨幣，對銀的需求特別增大。……中國商人自然要努力對菲輸出各種貨物，尤其是大帆船亟需運美的絲貨，以便把那裏的銀子賺回本國了。復次，明中葉以後……我國蠶桑生產和絲織工業的歷史已經非常悠久，但到了明代卻特別發達起來。明初政府下令，凡農民有田五畝到十畝的，須栽桑半畝，十畝以上的加倍；不種桑的，須出絹一疋。各地地方官須親自督視，不執行命令的處罰。原來沒有種桑的地方，派人把桑種運往，並教以種植之法。種桑的，自洪武二十六年（1393）以後，不論多少，都免徵賦。明初政府在全國各地提倡栽桑的結果，蠶絲生產當然大量增加。[33]

兩大原因造成絲貿易蓬勃狀態，一是紙幣價值暴跌，銅幣不穩定；二是政府鼓勵植桑，商人亦借此機會大量輸出絲貨，賺回白銀。當日原本每擔湖州絲值一百兩，但運到菲島出售，起碼增值兩倍。為迎合西班牙的喜好，中國商人輸出不同的絲貨，包括工鵝絨、錦、緞、綾、綢等不同絲織品。甚至將西

---

32 〔明〕王世懋《二酉委譚摘錄》，轉引自傅衣凌：〈明代江南市民經濟試探〉，《明清時代商人及商業資本》（北京市：中華書局，2007年），頁17。
33 全漢昇：〈自明季至清中葉西屬美洲的中國絲貨貿易〉，收在氏著：《中國經濟史論叢》，第1冊，頁452-453。

班牙流行的式款圖案,帶回中國裁剪。與此同時,駐澳門的葡萄牙人也加入運絲貨到菲島。貨品的數量,據載一六三六年以前,一艘大帆船約運三四百箱(Chest)至五百箱貨品,但一六三九年已有大帆船登記絲織品超過一千箱,商業發展的迅速可想而知[34]。

五　結論

　　討論商業發展,貨幣是重要一環,德國歷史學家布魯諾‧希爾德布蘭(Bruno Hildebrand)將貨幣發展過程分為三期:自然經濟時代(以物換物時代)、貨幣時代(金屬作交易媒介時代)及信用時代(先用信用進行貨物的交換,最後以同一物或等價物清算)[35]。中國貨幣的流通,從漢末以後,產生激劇的變動,全漢昇先生解釋說:

> 錢幣的使用日漸減少,而實物貨幣的流通則日盛一日。這種當作貨幣來使用的實物,以穀、米、麥、粟等農產品,及縑、絹、布、帛、綾、綵、練、褐、綿、繒等布帛類為最多。……自漢末以後,至安史之亂左右,一共五百多年之久,實物貨幣在中國各地的市場上都占有相當雄厚的勢力。[36]

唐末至北宋中葉,商業發展迅速,錢幣的使用殷切,宋真宗時,四川開始發行交子(紙幣),而白銀亦同時成為為貿易媒介。自宋至明的幾百年間,白銀被作為貨幣使用,但並不是暢通無阻。當紙幣濫發時,銀的價值就上升,政府便會禁止民間以白銀作貨幣。

　　明初,政府禁止以白銀為貨幣,並推出「大明寶鈔」作應用貨幣。可

---

34 同上註,頁465。
35 全漢昇:〈中古自然經濟〉,收在氏著:《中國經濟史研究》上冊,頁2。
36 同上註,頁60。

惜，大明寶鈔的價值不斷下降，洪武八年（1375）發行，到洪武二十七年（1394）已較發行時貶值百分之八十四至百分之九十五。[37] 至明中業，其價值不及原來的萬分之一，幾同於廢紙。民間在此情況下，唯有暗自以白銀為交易貨幣。最後明政府亦不得不取消白銀禁令，容許其作流通貨幣。

根據西班牙政府的統計，由一五〇三～一六六〇年，由美洲運往西班牙的白銀共一百六十八億八千六百八十一萬五千三百零三公分[38]，黃金約一億八千一百三十三萬三千一百八十公分，不包括走私數字。大量的白銀流入西班牙，促使西班牙在十七世紀的首十年，其物價的漲幅已是過去一百年的三、四倍。[39] 西班牙的物價遠較他國為高，而銀的購買力相對地低。美洲所發現白銀不獨令歐洲產生變化，遠至中國，亦受到影響。

弗蘭克（Frank）指出明代周邊的國家所謂「納貢」，其實是商業活動，此結論已得大部分學者認同，亦驗證於史實。中國成為中心點，以中國為中心的國際秩序亦同時出現。弗蘭克（Frank）說：

> 整個多邊貿易平衡體系，包括印度和東南亞因遜於中國的產業優勢，而扮演的輔助角色，起了一種磁石的作用，使中國成為世界的終極『秘窖』。[40]

「秘窖」是指白銀秘窖。然而，商旅（使團），包括歐洲人要購買中國的貨品，亦必須付出白銀。中國是中心點，其價格訂定，足以影響亞洲，甚至世界的價格。中國相對於世界的貿易總是順差，因此，白銀流入中國是必然，

---

37 全漢昇：〈明清間美洲白銀的輸入中國〉，收在氏著：《中國經濟史論叢》，第1冊，頁435。
38 此公分屬重量單位，是萬國權度通制，民初行公制時通用單位，公斤以下有公兩、公錢、公分、公釐、公毫等，皆以十進。
39 全漢昇：〈美洲白銀與十八世紀中國物價革命的關係〉，收在氏著：《中國經濟史論叢》，下冊，頁475。
40 〔德〕安德烈・貢德・弗蘭克（A. G. Frank）著，劉北城譯：《白銀資本》，頁166。

而且只會不斷增加。南方經濟發展迅速，自一六〇〇年（萬曆二十七年）始，每年流入寧波、廣州的華南及沿岸地區的白銀就達到約二十萬公斤。[41]

白銀的價值亦因不斷的輸入而貶值，一六〇〇年（萬曆二十七年）左右，黃金與白銀的比值是一比八，至中末期，比值是一比十；但發展至十八世紀末是一比二十[42]。貶幅可謂驚人。

至於有多少白銀流入中國，弗蘭克（Frank）引用很多學者的數據，茲舉二人作參考：里德認為從一六〇一～一六四〇年（萬曆二十八年至崇禎十三年），東亞共獲約六千噸白銀，其中四千五百噸出自日本；巴雷特估計，從一六〇〇～一八〇〇年（明萬曆二十七年至清嘉慶五年），亞洲至少經歐洲得到美洲白銀三萬二千噸，加上來自馬尼拉及日本的白銀，總數不在四萬五千噸之下。綜合估計，從十七世紀至十八世紀，中國占有全球白銀產量約三分之一到四分之一之間[43]，保守估計也當在二萬萬西元以上。白銀大量流入中國，依正常的發展，人口、生產與貨幣均有增長，通貨膨脹自然出現，然而，十七世紀中期以後，除短暫的米價飛漲外，大部分時期都於低通信貨膨脹，甚至下降。這情況出現，可解釋為產出和流出速度的增長吸收了貨幣供應的增長，其次是可能有大量白銀被囤積。

張顯清總結明後期貨幣的特點[44]：

1. 賦役貨幣化，貨幣以銀為本位。一條鞭法的實施是國家賦役完成由徵收實物和僉派勞役向徵收貨幣轉變的標誌。
2. 白銀流通量和儲存量巨增，「金令司天，錢神卓地」，金錢關係滲透到社會生活和政治生活的各個方面，貨幣權力空前增大，超經濟強制和封建宗法關係日趨鬆弛。

---

41 同上註，頁224-225。
42 同上註，頁192。
43 同上註，頁210。
44 張顯清主編：《明代後期社會轉型研究》（北京市：中國社會科學出版社，2008年），〈導論〉，頁7。

3. 從事貨幣兌換、匯兌和保存的貨幣經營業應運而起，它們已具有近代金融業的某些因素。
4. 信用借貸需求旺盛，貨幣持有者紛紛將一部分貨幣投向放貸經營，形成巨額生息資本。借貸利率下降趨勢的出現、農業生產性借貸的增多、生息資本與商業資本的結合、部分生息資本向手工業資本的轉移，都是信用借貸出現的新現象。

王業鍵先生曾對全漢昇教授研究貨幣史作出了全面的評價，最後，筆者引用其中有關銀銅幣制的評語，以此作為本文的總結：

> 明代中葉以後及清代約四個世紀期間，中國幣制可說是銀銅複本位，即銀兩和銅錢兼充市場交易的媒介和支付的工具。銀銅複本位的實施，必須以這種金屬的充分供應為前提。全先生對明清兩代貨幣之研究，就是著重探討貨幣供給，以明瞭幣制之發展。在這方面沒有人做得比他多，也沒有人的成就比他大。……據全先生多年研究結果，明清時代銀銅複本位之所以能相當順利地運行，是由於銀和銅這二種幣材的供給大為增加的緣故。先就銀的供給來說，國內銀礦產額對於貨幣用銀的增加，自有貢獻。其中最主要的銀礦是雲南銀礦，從明代中葉到清代中葉，每年產量可能在三十餘萬至四十餘萬兩。但是，當時銀的主要來源是國外，而不是國內；美洲和日本的銀產，尤為重要。自從十五世紀末十六世紀初西方人發現新大陸和東方的新航路後，歐洲海上強權紛紛在美洲和亞洲掠奪殖民地。西班牙人首著先鞭，於十六世紀上半十六世紀上半征服中南美洲的墨西哥、秘魯（Peru）、和玻利維亞（Bolivia）一帶，又於一五六五年自墨西哥出發，占領了菲律賓，而成為一個跨越大西洋和太平洋的海上大帝國。他方面，從十三、四世紀開始，已有中國商船往來南洋各地，並有不少華人聚居菲島。西班牙人占據菲島後，中菲貿易大量展開。中國與美洲間的貿易也通過菲律賓而快速發展起來。當時菲島生產落後，在那裡統治的西

人生活必需品（如糧食）以至軍需用品，都要靠華僑商人供應。中國絲貨更為菲島及美洲西人所喜好。中國商品（特別是絲貨）於是大量往菲島輸出，大部分絲貨更以大帆船從菲島輸往美洲。……這樣一來，隨著中菲貿易的進展，每年都有大批白銀從美洲經菲島輸入中國。據全先生觀察，初時每年僅數十萬銀元，十六世紀末葉超越百萬元，到了十九世紀增至二百萬元以上，十八世紀每年更高達三、四百萬元，到了十九世紀初期減至一百五十萬元。他的估計從一五一七至一八二一年的二個半世紀期間，約有二萬萬銀元自美洲經菲律賓流入中國。

其次，與西班牙人爭雄海上的葡萄牙人於一五五七年占領澳門。葡人以澳門為據點，也積極開展中外貿易。他們向中國大量收購絲貨、棉布、瓷器……等，分別往三個方向輸出，以謀鉅利。第一，往西運至葡人在印度的根據地果亞（Goa），一部分更轉運至歐洲。第二，往北運至日本長崎。明末倭寇為患，中國政府禁止日本通商，葡人趁機充中日貿易媒介，以滿足日人對中國貨物的需求。第三，也往南運至菲律賓。結果，大量白銀也不斷地由這三個方向流入中國。十六、七世紀之交，日本為世界上僅次於美洲的盛產白銀之地。據估計葡船當時運往長崎的中國貨物，每年約值一百萬兩以上，稍後有時甚至高達二、三百萬兩。

十八世紀以至十九世紀早期，英、美、法、荷諸國也載運大量白銀到中國，以購買絲、茶等產品。英西東印度公司輸華白銀數量更居魁首。十八世紀後半，廣州一地每年輸入白銀達四、五百萬銀元之多。據摩爾斯（H.B Morse）估計，由一七〇〇至一八三〇年期間，廣州一地淨輸入白銀約共四萬萬銀元；再加上其他港口的輸入，總數當在五萬萬元左右。[45]

---

[45] 王業鍵：〈全漢昇在中國經濟史研究上的重要貢獻〉，收在廖伯源主編：《全漢昇先生百歲誕辰紀念論文集》（臺北市：萬卷樓圖書公司，2013年），頁471-473。

大量白銀流入中國，證明當時的龐大的貿易額都與中國有關。安德烈・貢德・弗蘭克（A. G. Frank）評定明代中晚期（十六世紀以後兩百多年）的中國南方是世界的經濟中心，而非歐洲。弗蘭克更指出，十九世紀以前，歐洲無論在經濟或政治上都談不上「稱霸」[46]。彼時全球白銀總產量約十二萬噸，輸入中國的白銀約三至四萬噸以上，亦有學者估計超過一半以上的白銀是運到中國，而此數量足以令明政府製造超過三億兩以上的白銀。明代於正統後才開始以白銀為稅收貨幣。至嘉靖、萬曆，及張居正的「一條鞭法」改革，官民才普遍以白銀為交易貨幣。及至清朝康、雍、乾盛世的出現，已流通全國，都是與此有關。全漢昇先生在研討全球白銀流動及中國貨幣的變革，亦確認了海上絲綢之路的價值，其成就可謂無出其右。

---

[46] 〔德〕安德烈・貢德・弗蘭克（A. G. Frank）著，劉北城譯：《白銀資本》，頁27。

不只是書生：金中樞（1922?-2011）
的生命轉折與學術成就

雷晉豪

一　前言

　　金中樞先生（1922？-2011），安徽省貴池縣人，自一九七二年於成功大學歷史系執教近四十年，晚年更出版其畢生集大成之大作《宋代的學術與制度研究》八冊，[1] 並參選第二十八屆（2010）中央研究院人文及社會科學組院士選舉。金老師在成大歷史系的教研生涯有豐碩的成果，是成大歷史系的代表性人物。我就讀成大期間，有幸受教於金先生，願分享我對金老師人生的看法。以下我還是依過去的習慣，稱呼他為金老師。

　　金老師給人的印象是一位極為純粹的學者，實則書生未能概括其人生。金老師一生走過兩岸三地，經歷過多次轉折，可以分為三期：大陸時期、香港時期以及臺灣時期，每期約二十至三十餘年。本文的目的是重建其不同時期人生經歷，探究造成生命轉折的原因與過程，並思考人生三階段之間的連續與斷裂關係。

二　相關資料

　　研究金老師人生的資料之一是其學術著作，但《宋代的學術與制度研究》是收錄其學成後的作品，無法涵蓋其早期人生。且論文寫作有嚴格的學

---

[1] 金中樞：《宋代的學術與制度研究》（臺北縣：稻鄉出版社，2009年）。

術規範，受到體例限制，其內容只能反映金老師人生的一個側面，若要完整重構金老師的人生歷程，學術論文有較大的局限性。

金老師沒有寫日記，傳記性的資料則有三篇：

《中華民國現代名人錄》收錄金老師的人物傳記。[2] 據金老師的指導學生楊宇勛教授告知，金老師是向出版社毛遂自薦而列入《名人錄》，故此人物傳記應視為金老師的自傳，其對自身生涯的呈現有主觀成分，本質上是金老師的自我人設（persona）。按《名人錄》有一九八二、一九八四與一九九一三個版本，其細節略有差異，反映了金老師不同時期的主觀建構。

他人寫的傳記有二，均作於金老師甫過世之際，其內容承襲《名人錄》，但加入了金老師家屬提供的資料以及耳聞目見。其一為陳玉女：《金中樞教授行略》，[3] 另一為楊宇勛：《追憶先師金中樞（1922-2011）教授》。[4] 比起《名人錄》的略傳，此二文呈現金老師較多的事蹟。《追憶》一文側重描寫金老師獨特的學院生活模式，並對其學術成果作了提要。《行略》則較全面地描述金老師的人生，為本研究提供框架。然而，《行略》除因文體限制而篇幅較短，對於一些具體的年分與地點交待不清，其內容更有較多隱諱之語。

金老師的三份傳記均對其大陸經歷語焉不詳，對其香港求學則強調錢穆先生的角色，本質上都是刻意遺忘或選擇性呈現。究其原因，金老師青壯時期正逢中國的多事之秋，大陸、香港和臺灣都在其人生留下印記，但國、共對立使其傳記書寫多有顧忌。由於尚有留在大陸的家屬，傳記必須淡化其與國民黨的關係；而面對臺灣的政治氛圍，又要淡化其人際網絡之中與共產黨的牽連。金老師身處國、共兩個政治陣營的夾縫之中，卻又與雙邊有著無法

2　中國名人傳記中心：《中華民國現代名人錄》（臺北市：中國名人傳記中心，1982年）。
3　陳玉女：《金中樞教授行略》（《宋史研究通訊》第2期（2011年），頁10-11。又收入：金中樞：《宋代的學術和制度研究紀念選集》（新北市：稻鄉出版社，2016年），《簡略》，頁3-5。稍有修改。
4　楊宇勛：《追憶先師金中樞（1922-2011）教授》，《宋史研究通訊》第2期（2011年），頁12-13。

割捨的關係，使其傳記具有顯著的主觀選擇性。

　　傳記書寫既因時代因素而有顧忌，重建金老師的人生必須求助於原始資料。二〇一六年，金老師長女金彬彬女士將其父親的私人文件捐給國家圖書館，[5] 其性質包含公文檔案、學習筆記、書信以及手稿，提供研究金老師生平的一手資料，可以檢核和補充上述的傳記書寫。

　　同樣具有史料價值的是成大師生的回憶。現今與金老師同輩或長輩者幾已不在人世，其出版回憶錄或口述歷史者提供有關成大時期金老師的資料。本研究加入了我的個人回憶，主要來自二〇〇五年我上金老師「宋史專題研究（一）」課的見聞，此外又對約十位成大師友進行口述訪談，受訪者或為金老師的同事，或是金老師的學生。師友回憶描述了金老師生活、言行、舉止、情感以及口頭禪（直覺式的反映真實人格與自我認同）等，足以提供學術著作、檔案、書信、手稿所無法呈現的面象，豐富對於其人的認識。

　　以下以《行略》為框架，結合檔案、手稿、書信以及師友回憶等，重構金老師的三段人生經歷與轉折過程，並論其對於成大歷史系的貢獻。

三　大陸時期的金中樞

　　在一九八二出版《名人錄》中，金老師自述其大陸生涯：

> 金中樞，一名純德，號品光，字印寰，安徽省貴池縣人，民國十七年生。幼承家訓暨舅氏之學，讀書得間，已而，憑同等學歷並越級完成中學教育。無奈家計清貧，乃從事教育及青年工作。民國四十三年，遽感漂泊香江，前途茫昧，復矢志深造，得胡家健教授之推介考入新亞書院。

---

[5] 《國家圖書館獲贈金中樞及何沛雄二教授書信及著作》，網址：https://www.ncl.edu.tw/information_236_6565.html

其云出生於民國十七年是虛報,[6]其後下一個年分是民國四十三年,對於大陸時期的經歷只有「從事教育與青年工作」一語,對其入港過程也語焉不詳。

陳玉女的《行略》補充了資訊:

> 金中樞(一九二二～二○一一),一名純德,字印賓,號品光,安徽省貴池縣人,一九二二年生。其人聰慧,幼承家訓,曁舅氏之學,讀書得間,博聞強記,過目不忘,已而憑同等學歷越級完成中學教育。後接掌高坦小學,與翟冰霞女士相識,日漸情深,一九四七年結為連理。金教授青壯時期適逢中國多事之秋,接掌高坦小學一學期滿,調任吳田。不一年,捨遠縣民政科科長,任近鄰省田糧處科員。由此遂得該邑之選拔,並獲國家培訓之良機,參與青年救國團工作。轉瞬戰爭頻仍,承雙親之命攜妻而遠征,由安慶、九江到南昌,再經贛南越大庾嶺至廣州。本欲赴臺發展,惜無門路,然時局一髮千鈞,遂當機立斷,不顧一切,直奔香江,不旋踵,海珠橋被炸毀,虎口餘生,可見其識見。然言語不通,苦無生計,前路茫茫,妻有身孕,似乎只有回家一途。及至羅湖橋上,發現南下者人如潮湧,思忖豈有反其道而行之理,靈機一動,遂躋身攤販行列,後更獲發營業牌照,與人合股經營飯店,獲利頗多。後見公安借故搜查,眼看勢色不對,毅然放棄所有,逃往英界,由是死裡逃生,可見其機智。
>
> 旅港期間,矢志深造,考入香港新亞書院,獲多項獎助,嗣蒙國學大師錢穆教授之垂青,得入新亞研究所,先後考獲文科學士與碩士學位。[7]

由《行略》可知,金老師是由私塾教育轉而接受新式教育,畢業後任職地方小學,後轉入地方公務體系,逐步參與中央黨國體制,一九四九年逃難入香

6　金老師的出生年依臺灣的官方登計為一九二八年。楊宇勛的《追憶》云出生於一九二二年。戡亂建國訓練班一、二期畢業證書有一九二○、一九二二的矛盾,於此暫不深究。

7　陳玉女:《金中樞教授行略》,《宋史研究通訊》第2期(2011年),頁12-13。

港,旅港數年後進入新亞書院。

　　但《行略》也有所不足。首先,金老師何時完成新式教育?何時接掌高坦小學?何時入進入公務體系?這些時間點均不清楚。其次,關於其在公務體系中的職務,所謂遠縣、鄰省以及其進入黨國體制(所謂「獲國家培訓之良機」)的機緣等,書寫者似均有所隱諱,關於各個職務的先後關係也有年代錯誤。第三,關於其逃難的原因只云「承雙親之命」,似嫌解釋力道不足。第四,參照《名人錄》,金老師入新亞書院在一九五四,則一九四九至一九五四年之間金老師在香港又從事何業?

　　查國家圖書館當代名人手稿典藏系統收藏的《臨時畢業證書》可知,金老師是一九四五年畢業於安徽私立崇石中學高中部(圖一):[8]

圖一

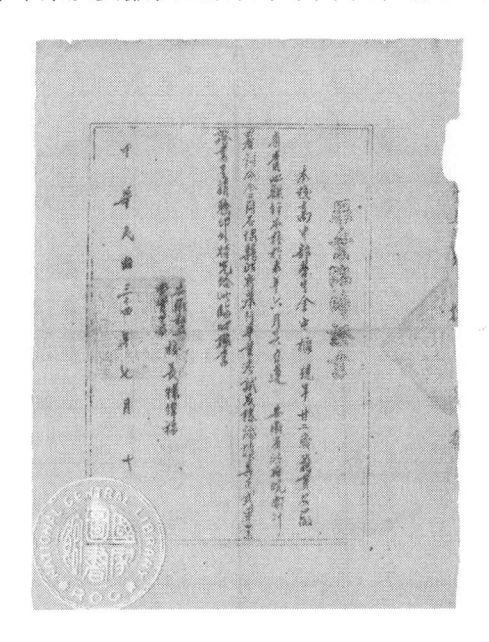

推測其於一九四二年進入崇實中學高中部,一九四五年七月十日畢業。畢業後從事的工作有兩份檔案為證。一是一九四八年四月二十二日向貴池縣政府

8　《金中樞安徽私立崇實中學畢業臨時證書》,358-2,國家圖書館當代名人手稿典藏系統。

申請的《貴池縣政府證明書》(圖二)：[9]

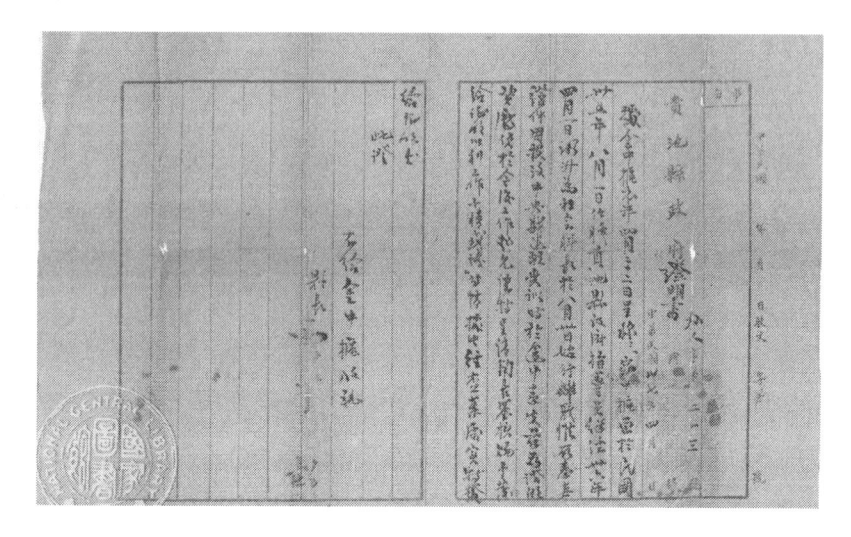

圖二

檔案顯示金老師「民國卅五年八月一日任職貴池縣政府指導員」，「卅六年四月一日調升為社會科長」，「八月卅日始行離職」，原因是「投考中央戡建班」，亦即中央訓練團戡亂建國訓練班。

結合《行略》可見，金老師一九四五年七月畢業後赴高坦小學任職一學期，次年初調任吳田小學，同年八月進入貴池縣政府任指導員，次年四月至八月任社會科長，後因投考中央戡建班而離任。

查中央訓練團戡亂建國訓練班一期是於一九四八年一月開班，則一九四七年八月至一九四八年一月之間金老師又在何處任職呢？書缺有間，偶然查到露天拍賣網上有一件《中央訓練團戡亂建國幹部訓練班第二期通訊錄》，我買下了「金中樞」以及相關頁面（圖三），其簡歷云：

> 曾任縣政府社會科長、指導員，糧食部懷寧倉庫三分倉主任。

---

[9] 《貴池縣政府證明書：證明金中樞於貴〔池〕縣政府任職指導員經歷》，358-6，國家圖書館當代名人手稿典藏系統。國圖系統云「貴州縣政府」，實誤。

圖三

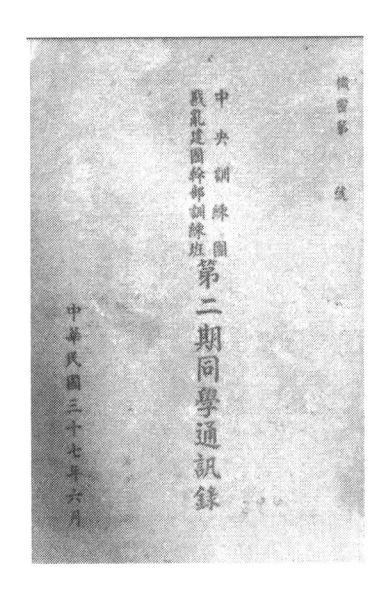

所謂「縣政府社會科長、指導員」符合《貴池縣政府證明書》云其於一九四六年八月一日至一九四七年八月三十日的任職經歷,則擔任「糧食部懷寧倉庫三分倉主任」應是在一九四七年八月三十日後至其一九四八年一月進入戡亂建國幹部訓練班一期(詳後)之前。按糧食部是一九四一年抗戰時期創立的中央機構,由於田賦徵實故需廣設倉儲,[10] 在抗戰以及國共內戰時期具有重要功能。金老師由貴池縣政府改任糧食部官員,職等可能相同,卻由地方政府進入中央黨國體制。

金老師的下一個發展是一九四八年一月成為中央訓練團戡亂建國幹部訓練班(以下簡稱「戡建班」)第一期的學員。這裡就涉及一個問題:金老師有無可能是國民黨員?若是,他是何時入黨,契機為何?

我推測金老師是國民黨員。按一九四八年一月四日蔣中正於戡建班一期的開訓典禮訓詞云:

---

10 張燕萍:《抗戰時期國民政府經濟動員研究》(福州市:福建人民出版社,2008年),頁297、330。

今天在場的各位教職員和學員，都是本黨的忠實同志，對主義有信仰、有熱忱，對黨的工作，曾經表現很多的成績。也就是說，今天到本班來的都是本黨最忠實最優秀的幹部。[11]

可見戡建班的學員都是黨員。那麼金老師又是因何種機緣加入國民黨呢？查戡建班是一九四七年冬三青團併入國民黨後為安置三青團員而設，[12]推測金老師最初可能是三青團員，取得國民黨籍後被選拔進入戡建班。至於金老師何時加入三青團已不可考，然金老師在貴池縣的指導員一職即屬黨體系，推測其加入三青團的時間不會太晚，或許與崇實中學有關。

金老師由地方政府進入中央體制，又由三青團員成為國民黨員，遂獲得戡建班第一期的培訓（圖四）[13]：

圖四

---

[11] 蔣介石：《戡建班的意義和任務》，引自財團法人中正文教基金會，網址：http://www.ccfd.org.tw/ccef001/index.php?option=com_content&view=article&id=313:0001-33&catid=158&Itemid=256

[12] 劉熙仁：《蔣介石的「戡亂建國總隊」內幕》，《黨史文苑》第5期（1997年），頁45-47。

[13] 《金中樞中央訓練團畢業證書：戡亂建國幹部訓練班第一期》，358-4，國家圖書館當代名人手稿典藏系統。

同年六月二日，又參與戡建班第二期培訓（圖五）：[14]

圖五

比對戡建班一期和二期畢業證書，金老師在半年之中長了兩歲。細看第二期畢業證書的「七」有變造痕跡。參前引《中央訓練團戡亂建國幹部訓練班第二期同學通訊錄》（圖三）亦云「二七」歲，則一期和二期之間曾改變年齡。未詳是二期畢業時增報二年，或是原本少報，二期畢業時恢復實際年齡。無論如何，金老師得到戡建班培訓後從事國民黨的黨政工作。查一九五三年金老師向胡軌申請的工作《證明書》（圖六）云：[15]

---

14 《金中樞中央訓練團畢業證書：戡亂建國幹部訓練班第二期》，358-3，國家圖書館當代名人手稿典藏系統。
15 《金中樞任中國青年反共救國團第一總隊第六大隊中校組長證明書》，358-9，國家圖書館當代名人手稿典藏系統。

圖六

檔案顯示，金老師一九四八年一月自戡建班一期畢業後，擔任國防部戡亂建國工作總隊第二大隊及第六大隊的少校級秘書，一九四九年四月至八月在國防部青年救國團任職，並升職為第一總隊第六大隊中校組長。

此一檔案雖呈現出金老師的升遷與調職過程，但未說明金老師由第二大隊轉任第六大隊的時間。查戡建總隊第二大隊駐於安徽屯溪，[16]金老師當因其安徽籍貫而分發入第二大隊。第六大隊的情況則較複雜。該隊原駐唐山，一九四八年七月調往上海打老虎，一九四九年一月徐蚌會戰失利後解散，改組為國防部青年救國團，並由胡軌任團長，其第一總隊乃安插戡建班的人員，由王昇領導。一九四九年三月前後，青救團第一總隊又改制屬國防部政工第三總隊，仍由王昇領導。[17]

---

[16] 劉熙仁：〈蔣介石的「戡亂建國總隊」內幕〉，《黨史文苑》第5期（1997年），頁45-47。
[17] 〔美〕湯瑪斯‧A‧馬克斯（Thomas A. Mark）著，李厚壯、張聯祺等譯：《王昇與國民黨》（臺北市：時英出版社，2003年），頁128。

一九四九年十月十日發給金老師的《國防部第三政工總隊第四大隊離職證明書》（圖七）記載的任職經歷如下：[18]

圖七

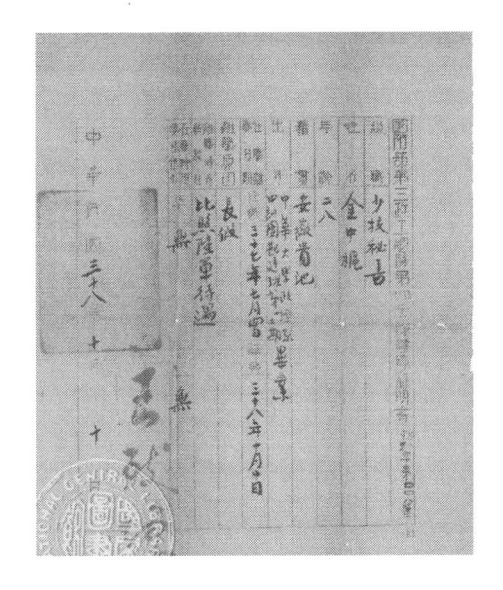

按其時青救團第一總隊已改編為國防部政工第三總隊，故《離職證明書》是以國防部的名義發出。結合前述檔案可知，金老師應是一九四八年六月戡建班第二期結業後，於一九四八年七月四日改隸王昇的第六大隊。其時第六大隊已調駐上海，推測金老師是在南京受訓後赴滬。一九四九年一月戡建總隊改組為青年救國團，故金老師又改隸青救團第一總隊（後又改名國防部政工第三總隊）第六大隊。[19] 一九四九年三月，王昇之部由上海撤退抵達南昌，四月撤到江西贛州，共軍渡江後又撤至廣州，六月時又受命再撤至重慶。[20]

---

18 《金中樞少校秘書國防部第三政工總隊第四大隊離職證明書》，358-1，國家圖書館當代名人手稿典藏系統。
19 胡軌《證明書》云其在國防部青救團第一總隊第六大隊的職等為中校組長，但因由少校至中校無停年，又與《離職證明書》的少校職等矛盾，故胡軌的證明可疑。待考。
20 〔美〕湯瑪斯・A・馬克斯（Thomas A. Mark）著，李厚壯、張聯祺等譯：《王昇與國民黨》，頁128-129。

金老師是隨著王昇一路撤退來到廣州。

　　在這個兵敗如山倒的撤退過程中，金老師有兩個換職機會，均未赴任。首先有《貴池導報》一九四九年二月「南昌特派員」聘書，[21] 應未赴任。按《貴池導報》亦是三青團的報紙，與金老師或有人際關聯。

　　此外則有南康縣政府地政督導團督導員之職。關於此，《行略》在其甫進入公務體系時云其：

> 捨遠縣民政科科長，任近鄰省田糧處科員。由此遂得該邑之選拔，並獲國家培訓之良機，參與青年救國團工作。

所謂「任近鄰省田糧處科員」當即指此，並以此為其進入黨國體制的關鍵，此有年代錯誤。查《南康縣政府派令》（圖八）：[22]

圖八

21　《貴池導報社聘書》，358-7，國家圖書館當代名人手稿典藏系統。
22　《南康縣政府派令：派金中樞為地政督導團督導員》，358-10，國家圖書館當代名人手稿典藏系統。

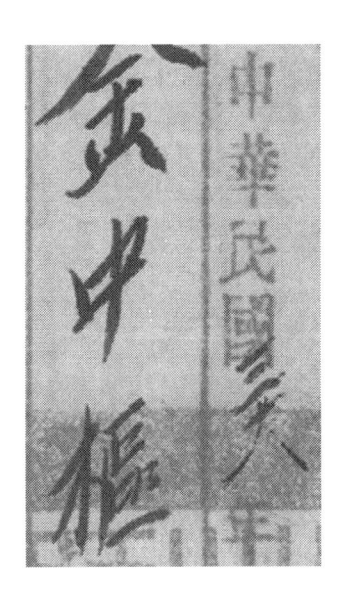

圖九

檔案的關鍵在其年代。《行略》將之讀為「三六」，故誤以為金老師先有江西之聘，後始參與中央。[23]然公文格式無「三六」之體例，且查嚴奉琦是在一九四八年九月至一九四九年六月任南康縣長，[24]民國三十六年不可能以縣長名義向金老師發聘書。實則原檔是寫「三十八」，其十與八筆劃相連故被誤為「三六」。今將南康之聘還原為三十八年，則其意義完全不同。

前述王昇於一九四九年四月撤至贛州，而南康屬贛州，則金老師是在撤退途中接獲嚴奉琦的聘書，其目的是幫助金老師逃離前線，然而金老師並未接受聘任。胡軌《證明書》說明其在一九四九年五月仍屬救國團第一總隊第六大隊，並隨著王昇撤往廣州。

但金老師又與王昇分道揚鑣。該年六月，王昇的國防部政工第三總隊又撤至重慶，金老師並未同行。查前引《離職證明書》（圖七），其離職理由是「長假」，推測金老師以請假名義在廣州脫離單位，轉赴香港，這是改變其

---

23 國圖手稿系統亦將其時間定為民國三十六年五月四日，實誤。
24 《嚴奉琦先生事略》，《國史館現藏民國人物傳記史料彙編》第5輯，頁432-433。

一生的關鍵決定。結合《行略》云「時局一髮千鈞，遂當機立斷，不顧一切，直奔香江，不旋踵，海珠橋被炸毀」。按海珠橋被炸在一九四九年十月，則其由廣州入香港的時間在一九四九年六月至十月之間。

由上述可知，《行略》所云「雙親之命」恐怕不足以解釋金老師之逃難。金老師離開大陸的主因是他為國民黨員，不敢不逃，且其為王昇部屬，亦不得不逃。金老師逃難至廣州後也不會如《行略》云「本欲赴臺發展」，蓋當時王昇由廣州撤往重慶，在那個情境之下，金老師會思考的是要不要去重慶，而非要不要去臺灣。金老師最終決意脫離部隊，轉往香港，這才「見其識見」！

然而，金老師抵達香港之後，又與國民黨組織聯繫上了。《中國青年反共抗俄聯合會派令》（圖十）：

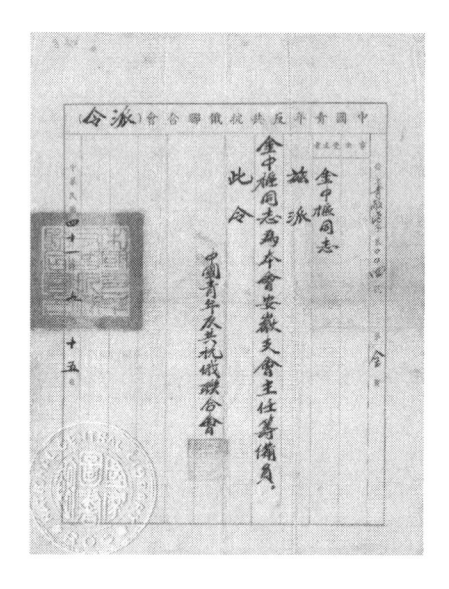

圖十

由此可知，一九五二年九月之前金老師就與國民黨組織建立聯繫。觀其字號為「青敵港」知其時金老師在香港。

我推測大約一九五三年金老師有可能來過臺灣。首先見《中國國民黨中

央委員會函》（圖十一），此文國圖手稿系統未載日期，然觀公文右下角印章字號樣，依當時的公文格式，「(42)」即指民國四十二年。公文透過中央委員會第二組發給金老師，按一九五三年時該組即「國民黨大陸事務部」，[25]則知金老師尚隸屬國民黨香港黨部，處理對大陸地區之政治作戰事務。

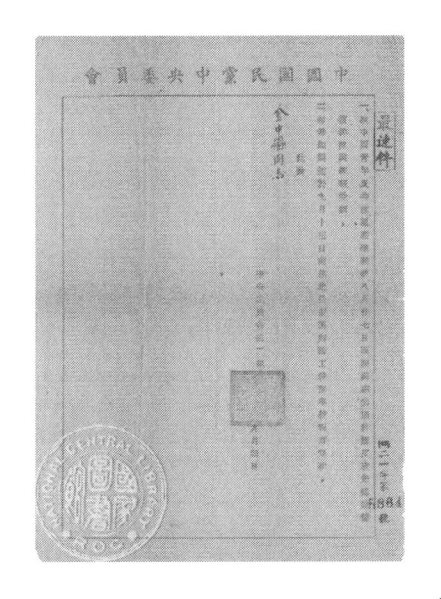

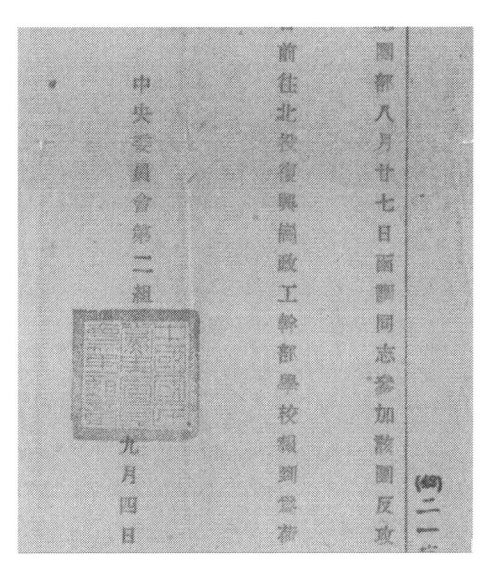

圖十一

依《中國國民黨中央委員會函》，八月二十七日中國青年反共救國團函，調請金老師參加反攻先鋒隊儲備幹部訓練班。該函由國民黨中央委員會第二組於九月四日轉達，並要求「即悉，知照」，於九月十三日赴北投復興崗報到，從日期之緊湊推測金老師不無可能身在臺灣。此一推測尚有二檔案為輔證：其一，前引胡軌《證明書》為一九五三年十月二十一日，金老師可能來臺受訓期間與胡軌通訊。其二，這段期間金老師又獲發《三一聯誼社聘書》（圖十二）：[26]

---

25 楊瑞春：《中國國民黨大陸工作組織研究》（北京市：九州出版社，2014年），頁33-53。
26 《三一聯誼社聘書：聘金中樞為香港分社籌備委員》，358-5，國家圖書館當代名人手稿典藏系統。

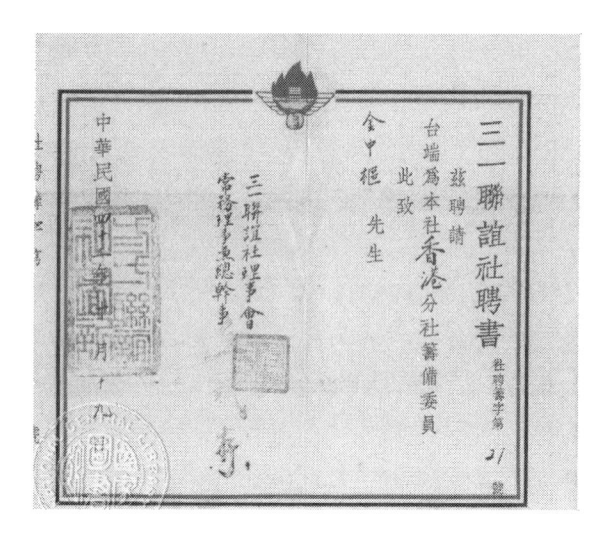

圖十二

日期為一九五三年十月十九日。按三一社一九四六年於南京成立，成員為國民黨中央黨團訓練班學員。一九四九年十月六日臺灣分社成立（圖十三，《掃蕩報》一九四九年十月六日），可能為籌備香港分社故聘金老師為籌備委員。這些密集的公文徵召以及通訊顯示當時金老師有可能來過臺灣。

圖十三

由此可見，一九五〇年代金老師未前來臺灣發展，絕非《行略》所說的「惜無門路」。其實，金老師一九五三年可能來過臺灣。又以人際網絡而言，胡軌、王昇以及嚴奉琦等人均在臺灣，若想來臺發展定有門路。金老師之所以留在香港當是出於職務，其國民黨職應至少作到一九五四年進入新亞書院或稍後數年。

金老師何以轉換人生跑道？《名人錄》自云「遽感漂泊香江，前途茫昧，復矢志深造」。金老師一生「矢志深造」自是事實，但以「遽感……前途茫昧」來解釋其離開國民黨的原因則不免是為故主諱。其實，金老師曾對國民黨提沉痛的批判。在《論革命必先革心》一文中，金老師如此敘述國民黨的挫敗：

> 抗日之戰，甫告成功……而革命黨人又乘機企圖各各一己之利欲——升官發財，不顧大勢，造成政治腐化，軍紀敗壞，經濟崩潰，教育弛息，文化低沉，社會混亂，尤其以前方戰爭，自東北而西南，一路崩潰，乃至不戰而退。文武官員，棄職潛逃，被俘投降，時有所聞，革命精神，幾至蕩然無存，終於喪失大陸，退守臺海之一隅。戡亂大業，遂一蹶不振。於今雖成敗未決，然而成敗之先決條件，端賴乎其有無革心洗面重整河山之意志。[27]

此文已云「退守臺海」，文中又以「蔣總統」稱呼蔣介石，則當繫於蔣介石復行視事（一九五〇年三月）至一九五四年金老師入新亞之間。同文後云「吾儕均係國家之中堅，且胸懷大志，憧憬未來者」，見其是以國民黨員的身分對同志而發。由此可見，國民黨撤守臺灣之初，金老師曾深切期待黨國之復振。或許隨著時間經過，逐漸看清國民黨終無東山再起之勢，希望幻滅，故銳意轉換人生跑道。從今日的後見之明來看，金老師為其人生作出了正確的選擇。

---

27 《論革命必先革心》，358-85，國家圖書館當代名人手稿典藏系統。

四　金中樞的史學與師承

金老師就讀新亞的契機，據一九八二年版《名人錄》係「得胡家健教授之推介」。按胡家健為安徽人，一九四九年入港，創立安徽省旅港同鄉會，金老師以「鄉先達」尊稱之，[28] 推測二人是因同鄉關係而認識。胡家健曾任教新亞故得推薦。一九五四年金老師進入新亞書院文史系就讀，並以史學為專攻，其修課含歷朝斷代史、中西交通史、中國社會經濟史等。[29] 本文不擬重述金老師在新亞的學習歷程，只欲探究金老師的史學師承。

一九八二年版《名人錄》金老師自云助其走上學術之途的關鍵人物為錢穆，其文云：

> 嗣蒙國學大師錢穆教授之垂青，得再考取研究所，先後獲授文科學士和碩士。

「垂青」一語表達的是一種機緣性的助力。衡諸錢先生對於新亞學生的關照，此語近實。但至一九九一年第三版《名人錄》中，錢穆與金老師的關係被強化，金老師說其：

> 將來，擬研究清以來的學術思想及當代之史，此亦其業師錢賓四先生之遺意也。

錢穆與金老師的關係由機緣性的「垂青」變為永恆意義的「業師」。錢穆過世後，金老師又發表一系列的文章闡發錢穆思想：

> 讀先師〈錢穆先生最後的心聲——中國文化對人類未來可有的貢獻〉

---

[28] 《我與方杰人先生》，358-53，國家圖書館當代名人手稿典藏系統。
[29] 見其收藏於國家圖書館當代名人手稿典藏系統的上課筆記。

>   從《詩經》看錢師的「天人合一觀」（舉例）
>   從《書經》看錢師的「天人合一觀」（舉例一、二）
>   從《書經》看錢師的《天人合一觀》（舉例三）──多士

均以「先師」、「錢師」稱呼。

他人書寫的傳記也認為金老師是錢穆門生。《行略》再三強調金老師與錢穆的關係。首先於其求學時云其「蒙國學大師錢穆教授之垂青，得進入新亞研究所」，此顯係襲自《名人錄》。又於其求職時云其「得錢穆教授之推薦……遂應成功大學之聘」。於金老師的學術思想則云「其承傳錢穆教授之學，認為中華民族文化綿歷五千餘年，能夠貫古通今，厥在儒家思想」。《追憶》則憶及金老師「常提錢穆先生對論文優劣的嚴格要求」，其「教學方式承襲錢穆先生」。

我訪問了三位曾經修讀金老師課程的成大歷史系畢業生，均表示金老師只提及其與錢穆的關係，並尊稱「錢先生」。我特別請受訪者直覺式的回答我，除錢先生，金老師還有提到誰？受訪者云似曾提及唐君毅、牟宗三等人，但都輕輕帶過。同學一致的印象是錢先生為其導師。

錢穆對金老師的影響自不待言。錢穆史學為金老師的宋史研究提供了儒學史觀，錢穆也在金老師的深造與任職成大提供關鍵助力，但錢穆史學似未能概括金老師的學問。從名分而言，錢穆並非金老師的論文指導教授，且金老師的史學思想與研究方法也透露其別有師承。

首先，金老師強調史學的客觀性，具有蘭克史學的特色，有別於主、客觀交融的錢穆史學。[30] 按金老師在成大上研究所課程時大都以自己的論文作教材，其特色之一是讓史料說話。我記得金老師上課時很自豪的說他的論文是「銅牆鐵壁」！幾位受訪者亦提及金老師常說：「你們是駁不倒我的」。這與「銅牆鐵壁」均在表達其論文是讓史料說話，他的工作只是彌縫古文，故

---

[30] 黃俊傑：〈錢賓四史學中的「國史」觀：內涵、方法與意義〉，《臺大歷史學報》第26期（2000年），頁1-37。

其客觀性無法否定。舉例而言,《車蓋亭詩案》論及神宗建儲事時如此敘述：

> 建儲事,已如上述,醞釀經年,迄未能定。蓋「定策國老、門生天子之禍」,前代屢見不鮮。即司馬光於仁宗朝奏請建儲,亦「自謂必死」,「且貽書勸鎮以死爭」,「至中書見琦等曰：諸公不及今定議,異日夜半禁中出片紙,以某人為嗣,則天下莫敢違。」[31]

上引文是剪貼《宋史》原文以敘事,見金老師力求讓史料說話,避免個人主觀介入的蘭克史學特色。

此外,金老師的研究雖稍涉文學、經學,但畢生成就則為史學,且其風格是現代的專業史學家,不同於錢穆是會通中國傳統經、史、子、集的文人學者。故無論史學思想、知識體系或學者風範,金老師均應另有淵源。查金老師一九五八年新亞書院學士論文《漢代重農抑商之理論與政策》,一九六〇年新亞研究所碩士論文《北宋科舉制度研究》,兩篇學位論文的指導教授均為牟潤孫,[32]且由金老師治學之道觀察,其受陳垣、牟潤孫一系的影響很深：

（一）史源考尋為史學方法

牟潤孫回憶,陳垣指導學生的一個重點是尋求史源：

> 如果研究唐以前的歷史,學生引了《資治通鑑》,他一定要問為什

---

31 金中樞：〈車蓋亭詩案研究〉,《宋代的學術和制度研究（八）》（臺北縣：稻鄉出版社,2009年）,頁120。

32 金老師一九六七年重讀香港中文大學碩士,其導師是嚴耕望先生。見：金中樞：〈永懷嚴師〉,嚴耕望先生紀念集編輯委員會編：《充實而有光輝：嚴耕望先生紀念集》（臺北縣：稻禾出版社,1997年）,頁21-33。金老師重讀碩士是因一九六六年新亞併入香港中文大學,新亞研究所畢業生得重獲中大碩士學位。見葉龍：《錢穆講學粹語錄‧自序》（香港：商務印書館,2013年）,頁4。

引正史,是否見於《通鑑》而正史中沒有?[33]

牟潤孫自云:

> 我學了先師的方法,以正史與《通鑑》相比對,不儘了解了《通鑑》的史源,更進一步認識清楚司馬溫公如何剪裁史料,如何安排史料,如何組織成書,同時也了解了他的史料取捨標準。[34]

李學銘教授的回憶具體呈現了牟潤孫教導史源考尋的方式:

> 牟先生的「《資治通鑑》研究」課,他就用《史記》、《漢書》、《後漢書》、《三國志》為我們示範怎樣先去找出《資治通鑑》所依據的材料,然後再用出處材料與《資治通鑑》的原文對讀,藉以了解司馬光(1019-1086)刪削、組織、熔鑄材料的高明處和出錯、偏失處。[35]

查金老師於國圖手稿系統中的讀書筆記就有《資治通鑑卷十四尋原》(圖十四),並云其具體操作方法為:

> 茲謹就其中一卷——資治通鑑卷第一四為之尋原,藉觀其治史之法。[36]

顯係承襲陳垣、牟潤孫的史源考尋方法。

---

33 牟潤孫:〈勵耘書屋問學回憶——陳援庵先師誕生百周年紀念感語〉,《海遺叢稿(二編)》,頁89-94。
34 牟潤孫:〈勵耘書屋問學回憶——陳援庵先師誕生百周年紀念感語〉,《海遺叢稿(二編)》,頁89-94。
35 李學銘:〈烏臺正學兼有的牟潤孫教授〉,《海遺叢稿(二編)》,頁307-326。
36 《讀書報告:資治通鑑卷第十四《尋原》》,358-78,國家圖書館當代名人手稿典藏系統。

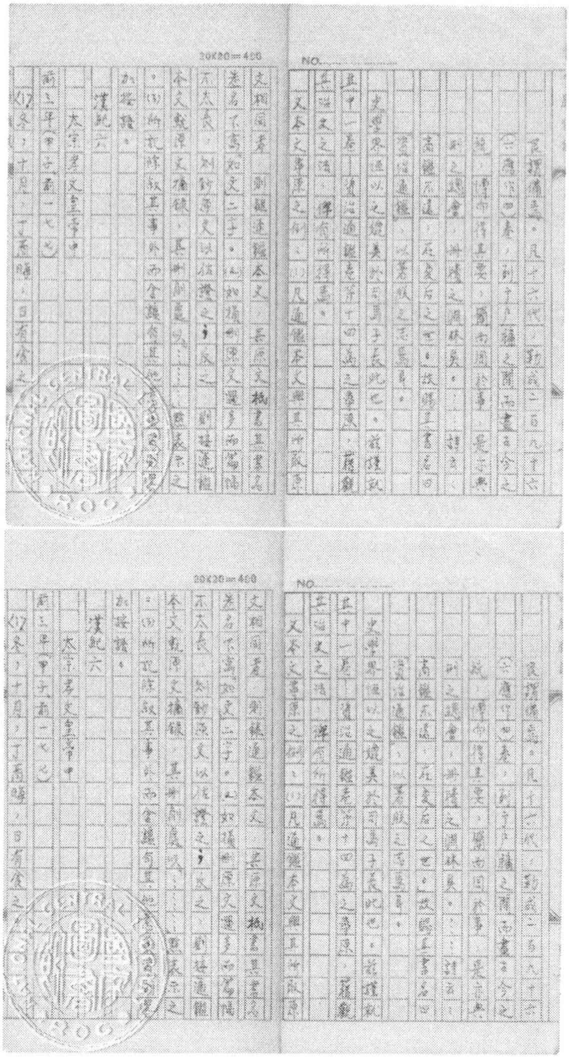

圖十四

這種對史書進行史料尋源的研究方法，金老師在其論文運用甚多。在其教學之中也有教導。金老師自云其研究生的課程作業中有「筆記」一項，他要求學生：

錄所聽講著述和所研討的問題,共作尋源式的補充。[37]

正是承自牟師的研究方法。

(二)目錄學為治學門徑

牟潤孫強調以目錄學為治學門徑,此亦承襲陳垣。牟潤孫云:

> 先師自言少年治學並未得到什麼大師指引,只是由《書目答問》入手,自《書目答問》而《四庫提要》。[38]

牟潤孫雖重視目錄之學,但將先後順序對調為先《四庫》而後《答問》。李學銘回憶牟老師給研究生講課時:

> 常鼓勵他們要細讀余嘉錫的《四庫提要辨證》,又常促使他們翻閱《書目答問》、《四庫全書總目提要》、《續四庫全書總目提要》、各類書目引得。[39]

金老師在《我的回顧與前瞻》一文中,自云其指導學生治學門徑時有登堂入室的過程。首先:

> 從讀《書目答問》起步,由《四庫提要》登堂。[40]

---

37 金中樞:〈我的回顧與前瞻〉,《中國古代學術思想研究》(新北市:稻鄉出版社,2017年),頁392-393。

38 牟潤孫:〈勵耘書屋問學回憶——陳援庵先師誕生百周年紀念感語〉,《海遺叢稿(二編)》,頁89-94。

39 李學銘:〈烏臺正學兼有的牟潤孫教授〉,《海遺叢稿(二編)》,頁307-326。

40 金老師自注《答問》需用范希曾的《書目答問補正》。金中樞:《我的回顧與前瞻》,金中樞:《中國古代學術思想研究》,頁392、404。

他又說若要入室,則有「治學六要」的心法,其首要即「熟知目錄」。[41]二〇〇五年我在課堂上常聽金老師將治學門徑總結為一句順口溜:

> 從《四庫總目提要》到《書目答問補正》。

其強調目錄學為治史指南,及其由《四庫》而《答問》的順序,又是承陳垣、牟潤孫一系而再以己意補充。

(三)對「文章」的重視

據陳萬雄回憶,牟潤孫上大學部課程時說:

> 治史者,第一是文章,第二是文章,第三還是文章。[42]

在成功大學歷史系的學生回憶中,金老師的口頭禪很多,也往往成為本系學生流傳的名言,其一就是強調文章的重要性。據成大歷史系徐健勛老師回憶,金老師上課說:

> 學歷史的人,第一重要是文章,第二是文章,第三還是文章!

金老師說的「文章」在臺灣「五年五百億邁向頂尖大學計畫」(2005-2017)的情境之下,都被理解為publication。實際上,牟潤孫的「文章」另有深意,金老師此語雖未作闡釋,但顯然是承襲自牟潤孫的格言。

金老師的史學承陳垣、牟潤孫一系,且其受牟潤孫影響甚深,但金老師從不說他是牟潤孫的學生。在其個人著作中,只有在《憶恩師——錢穆先生

---

[41] 金中樞:〈我的回顧與前瞻〉,《中國古代學術思想研究》,頁392。
[42] 陳萬雄:〈由一封信說起——追憶牟師潤孫先〉,《海遺叢稿(二編)》,頁339-344。

生平事略》一文對牟老師淡淡的提了一句：

> 先師聘請教師或導師，非常慎重，必須品學兼優才行⋯後期敦聘的⋯牟潤孫教授，專重魏晉至宋代歷史。[43]

對於錢穆尊稱「恩師」與「先師」，卻不提牟潤孫為其指導教授，可見金老師刻意淡化其與牟潤孫的師承關係。類似的，在未發表的《我與方杰人先生》手稿中（圖十五），金老師回憶其與方豪於1967年在美國開國際東方學者會議時：

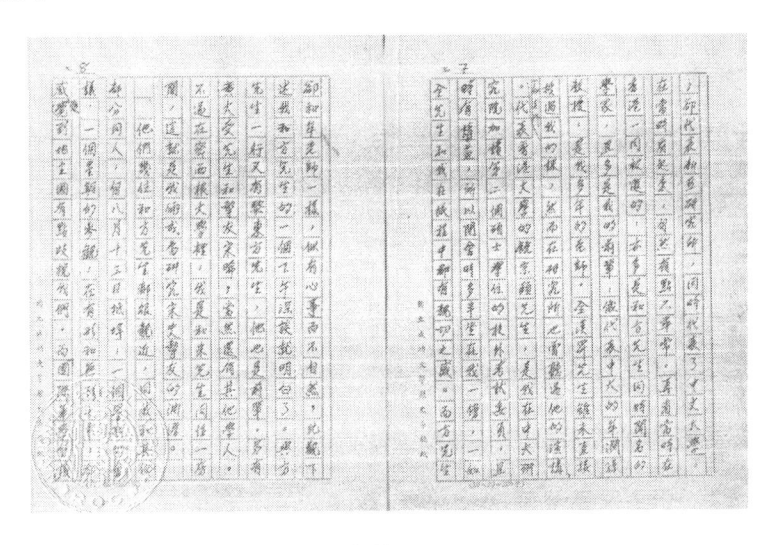

圖十五

當時在香港一同被邀的，亦多是和方先生同時聞名的學家，且多是我的前輩，像代表中大的牟潤孫教授，是我多年的老師。全漢昇先生雖未直接授過我的課，然而在研究所也曾聽過他的演講，一如老師。代表香港大學的饒宗頤先生，是我在中大研究院加讀第二個碩士學位的

---

43 金中樞：《中國古代學術思想研究》附錄四，頁427-436。

校外考試委員,且時有請益,所以開會時多半坐在我一傍,一如全先生和我在旅程中都有親切之感。而方先生卻和牟老師一樣,似有心事而不自然。[44]

這段話對牟潤孫只說是「前輩」以及「老師」,且將其與全漢昇的並列,同時突出了饒宗頤為其「校外考試委員」,卻不提牟潤孫為其指導教授,新疏之別意在言外。更特殊的,金老師自云其與全漢昇、饒宗頤有「親切之感」,牟老師卻是「有心事而不自然」,反映其心中有疙瘩。

金老師的史學受牟潤孫影響很深,但從未公開承認牟潤孫為其指導教授,何也?本文認為金老師與牟先生曾因人事誤會造成心結,此後又加入了政治因素,致其終予隱諱。

關於前者,有兩份金老師的回憶錄可資運用。金老師寫於一九八〇年代初的《我與方杰人先生》一文回憶了一九七六年四月方豪赴成大歷史系參加學術活動,[45]二人談及一九六五年的新亞聘任案(圖十六)。金老師說:[46]

> 賓四師對我的培植不遺餘力,特別是他老於民國五十三年離開新亞時,學校正徵聘高級講師或講師,曾乘機鼎力設法安置…千萬沒想到方先生來應徵,卒致功敗垂成,其後您方先生並未去,弄得形勢更糟,使我繼續過著不安定的生活幾近十年。

---

44 《我與方杰人先生》,頁358-353,國家圖書館當代名人手稿典藏系統。
45 《我與方杰人先生》一文中並未明言二人於臺南會見的年分。據《方豪先生年譜》,一九七六年四月方豪赴臺南成大歷史系,二人的會面當繫於此時。見:李東華編著:《方豪先生年譜》(臺北市:國史館,2001年),頁142。
46 《我與方杰人先生》,頁358-353,國圖當代名人手稿系統。

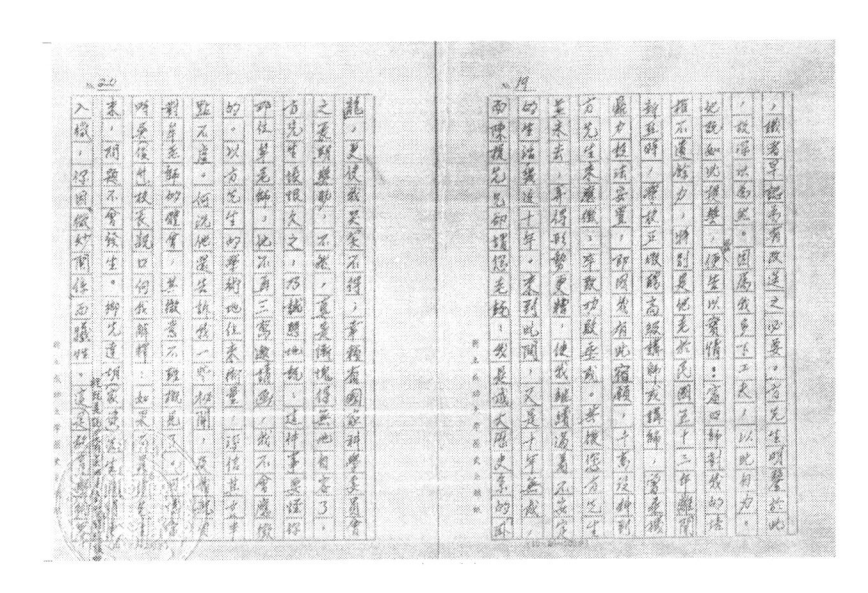

圖十六

按牟潤孫與方豪同承陳垣之學，一九五〇至一九五三年二人又同時於臺大任教，往來過從甚密。牟潤孫聘請方豪一事在一九六五年，時方豪因輔仁大學內部事件而萌生去意，後獲中文大學新亞書院與聯合書院的錄用，但方豪最終未赴任。[47]《我與方杰人先生》繼續說，方豪聽完了金老師的話後：

> 方先生悵恨久之，乃誠懇地說：「這件事要怪你那位牟老師，他不再三寫邀請函，我不會應徵的」。以方先生的學術地位來衡量，深信其言半點不虛。何況他還告訴我一些秘聞，及我親自對牟老師的體會，其微意不難概見了。

上引回憶錄透露了金老師的想法：金老師認為一九六五年新亞聘講師一事，

---

47 李東華：〈方豪教授與香港學界的交往及其影響（一九五〇～一九八〇）〉，《臺大文史哲學報》第62期（2005年），頁321-345。此文依據歷史系主任孫國棟回覆方豪的信件中有「驚悉貴體違和，不宜遠行」一語，推測方豪是以身體因素婉拒赴任。方豪身體有些狀況自是事實，但辭職信寫的通常都是托詞，其真實原因於此暫不探究。

錢穆「對我的培植不遺餘力」，曾設法「鼎力安置」。牟潤孫則邀請方豪應徵，致使「功敗垂成」。金老師敘述的情節頗為簡單，細考之有不完全符合事實之處，據之可以探究其內心世界。

首先，錢穆對新亞學生普遍照顧，未必獨愛金老師，且在其一九六四年決意離開新亞之際，未必有餘力「鼎力安置」工作。其次，金老師認為他未獲聘是因方豪前來應徵，卒致「功敗垂成」。實則當時應徵者眾，且若與方豪的學術成就相較，其未獲聘任也很難說是「功敗垂成」。然而，最值得注意的是金老師將其未獲聘歸咎於牟潤孫，並且假方豪之口云「這件事要怪你那位牟老師」。方豪是否說過這話句已不可考，但反映出金老師認為牟潤孫是為了針對他而引薦方豪，使其與講師之職失諸交臂。

金老師對於此一事件的過度解讀，反映了當時寓港學人的生計困頓。回憶錄提及其長期過著「不安定的生活」應是事實。蓋自一九四九年以來寓港者眾，加以語言不通，漂泊茫然，學人自然將求職的希望寄託在學校導師身上。在這種氛圍之下，任何人事行為都容易觸動敏感神經。故在成大數十年間從不談八卦、語不及私的金老師，竟然在意起「秘聞」與「微意」，正反映了困頓環境之下的心理狀態。

一九六五年新亞聘任案造成了金老師對於牟潤孫的誤會，一九六七年金老師赴中文大學重讀碩士時，又因延請導師一事加深心結。金老師回憶嚴耕望先生云：

> 當我請嚴師指導時，嚴師為了我的出路，要我先請某先生為宜；我則以為不方便，又怕他藉口推辭呢！而嚴師堅持己見，幾乎發生爭論，並嚴肅地說：「如他真是不願意，再回來也不遲。」於是遵囑前請某先生，他果然不出我所料而婉言謝絕了。[48]

這位「某先生」是指牟潤孫，金老師主觀認為其「藉口推辭」指導事宜。查新

---

[48] 金中樞：《永懷嚴師》，頁24。

亞研究所畢業生於一九六七及其後數年赴中文大學重讀碩士者，在新亞時大多為牟潤孫指導，[49]但重讀時都由他人擔任導師，[50]故牟潤孫推辭指導教授並不是針對金老師。但因已有新亞聘任案的心結，使金老師作了針對性的解讀。

　　金老師與牟潤孫因人事因素造成誤會，到了一九七〇年代又因政治而分途。按牟潤孫師承陳垣，而陳垣一九四九年已公開轉左，一九五九年加入中國共產黨。[51]至一九七〇年代牟潤孫也開始左傾。一九七五牟潤孫開始以筆名在《大公報》上發表文章，[52]一九七七年更已公開轉左。逯耀東回憶：

> 牟先生除了用白話寫作，行文中還雜入當時流行的辭匯或語句，比大陸某些史家還左。雖然有些文章用筆名發表，作為追隨他多年的弟子，一看就知道是師父寫的。牟先生真的不僅轉向，而且超越前進了。[53]

其後，牟潤孫與新亞的舊同事形同陌路。逯耀東說一九七七年：

> 我回香港教書之前，牟先生就轉向了。這次轉向對他晚年的生活影響很大，多年的故交就此不往來了。像徐復觀先生是他多年的好友，同住美孚新村，相距很近，早晨在社區大平臺散步，相遇如陌路。[54]

另一個故事更突顯出牟潤孫內心的衝突。逯耀東回憶其赴香港中文大學任教時，在旅館就接到了牟先生電話。他說牟老師一開口就問：

---

49 牟潤孫在新亞研究所指導的碩士畢業生有三十二位，見：李學銘：〈牟潤孫先生與新亞〉，《讀史懷人存稿》（臺北市：萬卷樓圖書公司，2014年），頁289-296。
50 此可參「中文大學碩博士論文庫」：https://repository.lib.cuhk.edu.hk/tc/collection/etd。
51 柴德賡：〈陳垣先生的學識〉，《勵耘書屋問學記》，頁26-55。
52 牟潤孫（筆名王季任）：〈宋代富貴人家的食品〉、〈宋江的結局〉等，《海遺叢稿（初編）》，頁87-92、93-96。又以多個筆名發表於《新晚報》等。
53 逯耀東：〈心送千里——憶牟潤孫師〉，《海遺叢稿（二編）》，頁327-338。
54 逯耀東：〈心送千里——憶牟潤孫師〉，頁327-338。

「你知道我是誰嗎？」我恭恭敬敬叫了聲老師。接著他又說：「你敢不敢接受個匪諜請你吃飯？」我趕忙說：「老師千萬別這樣說，老師永遠是老師！」我們約定在樂宮樓，牟先生最後補充一句，他說：「樂宮樓比較右。」沒想到當時香港竟楚河漢界涇渭那麼分明，連吃飯都分左右。[55]

牟潤孫自稱「匪諜」自然是一句負氣話，但他卻依然珍惜逯耀東的師生情誼，充分表達出牟潤孫轉左後的處境與內心衝突。

我認為人事因素雖製造了金老師與牟潤孫之間的誤會，但尚不足以解釋金老師在牟潤孫與錢穆之間的選擇。金老師之所以終身諱言牟師而張言錢師，尚有精神思想與政治現實的因素。

金老師與錢穆的政治思想合致，而與牟潤孫衝突。由於金老師在成功大學任教期間向來諱言政治，故須求諸於私人文件。按金老師雖是國民黨員，其反對共產主義並不是出於國共對立，而是出於對中國歷史與文化傳統的維護。國圖收藏的《無題筆記》可為一證。[56]此手稿似未正式刊登，且內容失散，只存第一節「前言」和第五節（標題待定），其日期亦需加以推定。首先，該手稿部分寫於《新亞書院中國古典音樂欣賞會京曲唱詞》的空白處。該唱詞題名《奇冤報唱詞》，演唱者為沈鴻來先生（圖十七）。對照《新亞生活雙周刊》可知，一九五九年一月四日新亞舉行該一活動，其中「京曲」一節由沈鴻來吟唱《審烏盆》，[57]《奇冤報唱詞》即《審烏盆》之一橋段，故知手稿在該活動之後。又，手稿的「前言」部分又提及「日來看到《香港時報》記載中國文化協會春節徵文啟示」，則當繫於一九五九年春節（國曆二月八日）之後。但手稿的下限也不會太晚，觀其對人民公社的批判未言及大饑荒，則也不會晚至饑荒已至的一九五九年夏。推測手稿寫於一九五九年春

---

55 逯耀東：〈心送千里——憶牟潤孫師〉，頁327-338。
56 《無題筆記》，358-86，國家圖書館當代名人手稿典藏系統。
57 〈中國古典音樂戲曲欣賞會特輯〉，《新亞生活雙周刊》第1卷第15期（1958年12月22日），頁1-4。

節後不久,亦即金老師在新亞研究所攻讀碩士第一年時。

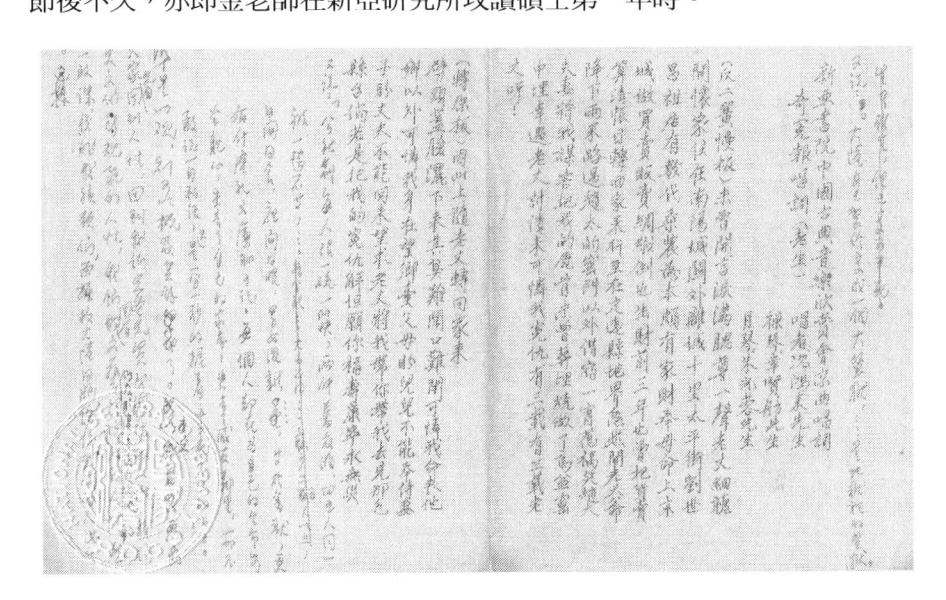

圖十七

此稿批判共產黨云:

> 他們(按:指共產黨)要打倒孔家店,而代之以馬克斯,他們要推翻歷史,說什麼共產黨無祖國,他們要剷除舊文藝,創造新文藝(其實是共產黨御用的),而美其名曰:「大眾文藝路線」。事實上,他們的一切的一切,都在違反人性的作法啊!

本文批判共產黨以馬克斯主義代替儒家思想,以國際主義否定國族主義,又以政治控制的新文藝代替傳統文藝,是違背人性的作法。這說明金老師是站在維護中國文化傳統的立場上來反對共產主義,與曾國藩以維護傳統倫理綱常來討伐太平天國的精神一致。金老師與錢穆精神合致,而與左傾的牟潤孫有所隔閡也是自然之事。

但金老師的學術畢竟深受陳垣、牟潤孫的影響,且終身奉行其道,故意

識型態之分歧尚不足以解釋其對牟潤孫的態度。金老師大可像方豪對陳垣一樣，只論學術而諱其政治。[58]我推測金老師終諱其與牟潤孫的關係應有更為現實的考量。其實，金老師在一九七二年赴臺灣任教時蔣介石尚在世，且金老師的舊日長官蔣經國、王昇等均持黨國機要，臺灣處於白色恐怖之中。出身政工的金老師，對於複雜的人事關係特為熟悉。錢穆是蔣介石的國師，高舉錢穆門生可作為其保護傘。相對的，牟潤孫可能使其陷入政治不正確。故金老師強化其與錢穆的關係，同時淡化其與牟潤孫的關係，是政治社會情勢下的自保之道。

金老師的無奈並非孤例，且牟潤孫也看得清楚。在懷念陳垣的文章中，牟潤孫說：

> 我運用先師的方法在臺灣、香港教了若干學生，有人因而進入史學之門。他們的成就縱有高低之不同，甚或他們不提個人治學淵源於勵耘書屋，而他們之受援庵先師影響，則是無法涂飾或擦掉的。[59]

這些不提其治學淵源的「若干學生」之中當包含金老師。牟潤孫此言既一針見血，也表達出了時代的無奈。

五　金中樞對於成功大學歷史系的貢獻

一九七二年，金老師赴成功大學歷史系任教。問題在於，金老師自一九四九年入港以來至一九七二年已經居港二十三年，若以其實際年齡論則已約五十歲。金老師何以中年轉換跑道，決定移民臺灣？外在背景可能有間接影響。一九六〇年代末香港局勢不穩，大陸亦進入文革時期，而臺灣則推動中

---

58 何廣棪：〈從陳垣先生之一通函牘談起——兼永懷方豪院士〉，《傳記文學》84卷第3期（1987年），頁31-35。

59 牟潤孫：〈勵耘書屋問學回憶——陳援庵先師誕生百周年紀念感語〉，《海遺叢稿（二編）》，頁89-94。

國文化復興運動,自然為金老師所認同。但金老師決意中年轉換跑道的主因應是現實因素。在《我與方杰人先生》一文中,金老師說到其一九六五年未獲聘任講師一事,使他「繼續過著不安定的生活幾近十年」。據成功大學歷史系梅政清博士回憶,金老師曾提過他得到成大的教職之前,錢穆有幫忙介紹一個文化相關的工作。儘管生計不穩,金老師依然拒絕接受這份工作,並向錢先生說:

> 工作的機會多,讀書的機會少。

此事的年代不清楚,但應發生在一九六五至一九七二年之間。金老師對錢穆表明了追求學問的志向,錢先生沒有忘記,而契機終於出現。

一九六九年八月一日成大歷史系創系,一九七〇年一月錢穆赴成大連續進行四場演講,即後以逐字稿出版的《史學導言》。成大歷史創系之初原是借調中研院、臺大的教師兼主任,[60]自一九七一年八月一日始由成大專任的歷史科教師吳振芝擔任系主任。吳振芝與錢穆抗戰時期在大西南有淵源,其口述回憶了其與錢穆認識以及引進金老師的過程:

> 錢穆先生是江蘇無錫人,我聽錢穆先生講的時候,《國史大綱》還沒有印出來,就南宋抗金的那一段,看他寫了很高興唷!當時我代表南臺灣史地老師,參加教育部一個史地老師的講習會,請了好多大師。錢穆先生還記得我,所以我後來問錢穆先生要教宋史的人,他就介紹金中樞先生。[61]

吳振芝與錢穆在抗戰時期認識,推測是在一九六七年錢穆來臺定居之後方與

---

60 成功大學歷史系編:《不惑之眼——成大歷史四十年》(臺南市:成功大學歷史系,2009年),頁163。

61 王文霞等:《黃葉辭枝,不朽永生:吳振芝教授口述歷史》(臺北縣:稻鄉出版社,2011年),頁18。

錢穆重逢，因已事隔多年，故吳振芝才會說「錢穆先生還記得我」。因為這種機緣，吳振芝任系主任後即於一九七一年九月一日聘請錢穆為成大兼任教授，開設「史學導論」課程一學期。金老師當在此際由吳振芝透過錢穆引進成大。一九七二年八月一日金老師就職，一九九七年七月三十一日退休，一九九七年八月一日改聘兼任老師，直到二○一一年其過世為止，共在成大服務近四十年。這是他一生中最為穩定的歲月，也使其畢生學術得以實踐。

金老師對成大歷史系的貢獻主要有教學與研究兩個方面。其教學貢獻可以由幾個角度討論。首先，成大歷史系的課程結構最初採中國史、西洋史並列，後吳振芝以成大位在臺南府城，故亦推動發展臺灣史，[62]課程結構以中國史、西洋史、臺灣史為鼎足。金老師是屬中國史領域，而中國史課程又分為通史、斷代史與專題史三種類型，金老師三種類型均開授，其所授大學部課程有中國通史、宋史、中國史學史等，研究所課程則有宋史專題研究、清代學術思想史研究、中國近代學術專題研究等。在一九九○年代，金老師一學期開授六至七門課程，一九九七年改聘兼任教授後亦每學期開授二門課。其後雖然年事漸高，但至二○○○年尚維持一學期一門課。金老師的授課量大，性質包含必修課與選修課，日間部以外又支援夜間部，層級則包含大學部與研究所，是成大歷史系不可或缺的師資力量。

其次，由成大歷史系的課程發展史也可呈現金老師的貢獻。在二○○九年四十年系慶時，王文霞將成大歷史系的課程發展史以十年為單位分為四期：[63]

　　（1）起步的十年（1969-1978）
　　（2）成長的十年（1979-1988）
　　（3）新舊交替的十年（1989-1998）
　　（4）蛻變的十年（1999-2008）

---

62 王文霞等：《黃葉辭枝》，頁112。
63 王文霞：〈四十年教學課程的訂定與演變——境育學生成長的煦風和雨露〉，《不惑之眼——成大歷史四十年》，頁169-187。

起步的十年專任師資缺乏,兼任師資流動性高,但已奠定課程的結構與方向。成長的十年專任教師漸齊全,授課趨於穩定。第三個十年早期聘任的教師多退休,故有新舊交替的問題,課程內容也走向多元。第四個十年則隨著大環境變遷與制度改革,使課程走向多元與國際化。四十年之中,人事流動與大環境變化一再衝擊著成大歷史系的教學,而金老師是系裡少數完整經歷四期的教師,即使在蛻變的十年,金老師依舊數十年如一日的開授其宋史、學術史等課程。金老師是變化之中的穩定,故成為成大歷史系的重要象徵。成大歷史系陳信雄教授在金老師追思會上的發言云:

> 金老師是朱熹、錢穆一脈相承的儒家傳承,承繼傳統古典的儒家學風。成大歷史系因為有金老師而有儒家正統的學術風氣,金老師是成大歷史系的一項意義深遠的資產。[64]

金老師對歷史教育的另一個貢獻,是提出了完整的歷史教學理念。他在一九九二年獲得成功大學教學特優教師,表彰其教學貢獻。其後又系統性的提出了歷史教育理論:

> 小學歷史故事化,中學歷史事實化,大學歷史理論化,碩士班歷史專題化,博士班歷史博約化。[65]

小學歷史講究趣味,中學歷史確立基本事實,大學歷史建立體系,碩士班則深化知識的探索,博班歷史則提出新的理論體系。我認為這一套完整的歷史教育思維是極精要的。

金老師對於研究的貢獻簡言如下。從數據而言,金老師自一九七二年進入成大至一九九七年退休之間,總共獲得十四次國科會獎助研究,主持「宋

---

[64] 承陳信雄教授惠賜發言稿,謹此誌謝。
[65] 金中樞:《我的回顧與前瞻》,金中樞:《中國古代學術思想研究》,頁392-393。

史專題研究室」，且每年都有著作發表，並曾赴香港珠海學院與美國講學，推動了成大歷史的研究與國際交流。

　　金老師的研究專精於宋史，特別是北宋的學術史、制度史與政治史，其正式發表的論文約三百萬字。由於其卷帙浩繁，且研究所運用的文獻既深又廣，研究過程又多考證，文筆極盡精練，故其著作對於一般學生很難入門。金老師又有一個習慣，他不寫研究回顧。據徐健勛老師回憶，金老師說如果你去讀別人的論文，思想就被框住了。故強調對一手資料的充分掌握以及從中提出原創性的見解。

　　我無法評價金老師的學術成就，但願就上課所見提供有關其北宋史研究的看法。金老師的北宋史觀以儒學為其依歸，故以儒學之興衰解釋北宋的世運。記得在宋史專題研究的課程中，金老師在學期一開始就問同學：

　　　　子不語：怪、力、亂、神。那麼子語什麼？

同學莫然。金老師表示，孔子所常說的自然是「怪、力、亂、神」的相反：

　　　　語常不語怪，語德不語力，語治不語亂，語人不語神。

簡言之即「常、德、治、人」。這雖是假孔子所作的反推，實則表現出金老師認同儒家的人文主義思維與政治社會理想。金老師是以儒學思想以及儒學士大夫的政治參與解釋北宋的興衰。當時我特別向他請教《車蓋亭詩案研究》一文，金老師表示，這一講的意義是呈現儒學士大夫的分化與變質，下一講的主題是《論北宋末年之崇尚道教》。這時金老師特別對我說：

　　　　道教這個東西是最要不得的！北宋就是亡在這個上面！

這時我突然明白了他的北宋史觀是一種儒學史觀，與《國史大綱》不只精神一脈相承，個別主題也有對應之處。北宋以儒學復興而興起，儒學士大夫主

導了北宋初期的秩序重建。然北宋中期之後，儒學士大夫亦因世變而分化，而君子之爭遂變質為小人之爭，由是製造出了思想與權力真空，遂為道教乘虛而入，導致了北宋的滅亡。

在這一套歷史觀的指引之下，金老師對宋初的學術新風氣、宋初大儒、宋代士大夫的政治理念、政治制度、社會救濟、政治改革、新舊黨爭、道教盛行與北宋滅亡之關聯等，進行了深入的研究。表面上，單篇論文的主題各異，而其考證又極為細密，使讀者難以掌握其思路，實則其論文背後是有一以貫之的理論框架與研究方法。金老師的北宋史研究可說自錢穆得其價值與史觀，而自牟潤孫得其具體的操作方法。

六　結論

金老師給人的印象是一位很純粹的書生型學者。他的學術生活極為獨特，在金師母周詳的照顧之下，金老師形成了生活極端規律，工作極為專一，只有讀書、教書、研究和著述的書生。實際上，書生只能概括其後半生。其前半生的經歷過去因時代因素而遭到選擇性的遺忘與呈現，即使有為其立傳者亦多所隱諱。

二○一六年金老師的手稿、書信以及相關檔案公佈，呈現了金老師在大陸、香港與臺灣時期的經歷與轉折。其早年在大陸是由黨政體系得到培訓以及出身，赴港之後受牟潤孫先生的指導而成為專業史家，赴成功大學就職之後得以實踐其學。由政工而為難民，又由難民而為學生，由學生而終為教授，其人生有高度的獨特性。

我們不禁想問，金老師不同的人生階段之間究竟是連續還是斷裂。後期寫作的傳記刻意淡化其部分經歷，並選擇性的呈現某些機緣，使其與早年人生切割。實則人生不會是斷裂的，凡走過必留下痕跡。金老師早年的經歷與其後半的學者人生應有切不斷的關係。我認為金老師赴成大之後之所以成為一位極純粹的書生，正是早年的動盪與流亡給予他的強烈求學動機。

金老師是以學問為人生目標。其自述云其幼時即「讀書得間」，赴港後

「矢志深造」，當是夫子自道。金老師早年雖不得不多能鄙事，甚至還將這些鄙事做的有聲有色，但他卻從未忘記求學的志願。無論是大陸的漫天烽火之中，或是飄零香江之際，金老師依然未忘卻其要追求學問。明瞭了金老師豐富的人生經歷後可說，金老師令人敬佩之處不是其只會讀書，而是他能做好很多事情，卻選擇做一位最純粹的書生。

　　金老師的人生成就首推學術。二〇〇九年《北宋的學術和制度研究》八冊出版後，金老師參選二〇一〇年中央研究院院士，惜未能如願。原本數十年如一日，天天到校工作的金老師，逐漸少來學校，次年離世。金老師的院士選舉雖然功敗垂成，然究其一生對學術的奉獻，當已不負錢先生和牟老師。

　　我以為若比較金老師與余英時可見其異同。二人同樣在一九四九年作出了關鍵抉擇來到香港，[66]入新亞後又先後受教於錢穆，二人亦終其一生獻身於歷史學。但二人也有顯著的對比。余英時主要以流暢的白話文寫作，其學術思想會通中、西，其研究範疇以博雅稱世，其經世精神使其成為當代公共知識分子的代表。金老師則主要以簡練的文言寫作，其治學基礎淵源於傳統中學，其研究強調專家之學，其生活則幾無社會活動，亦少指導學生，只與青燈黃卷以及師母相伴，是獨善其身的象牙塔學者。金老師與余英時在大時代中的人生際遇相似，數十年發展出的學術風格迥然有別，卻同樣為後人樹立了不朽的學人典範。

66　余英時：《余英時回憶錄》（臺北市：允晨文化實業公司，2018年），頁92-98。

鄺慶歡（1944-1990）之學術成就及其在法國漢學界的行誼

汪立穎、岑詠芳

　　鄺慶歡是新亞研究所第十五屆（1971）校友，碩士論文研究宋人周邦彥詞。一九七三年獲獎學金負笈法國，一九八五年以優等成績取得博士學位，並於一九八八年進入法國最高研究機構之一的法國國家科學研究中心當研究員。當這個研究大門打開之後，所有人都相信並期待她將有更多紮實而又有分量的著作問世。然而，命運弄人，才不過兩年，她竟因風濕關節炎引至肺炎迸發而猝逝。

　　慶歡離世距今不覺三十三載，我們願藉此機會，對她在法國十七年的求學及研究生涯所留下的成果及行誼予以介紹，以追念我們這位學長，她那匆匆卻建樹非凡的歲月。

一　學術成果

　　本節以慶歡的博士論文為重點，次及她別的研究業績與方案。

（一）論文《王昭君中國烈女：從歷史到傳說》（*Wang Zhaojun-une héroïne chinoise, de l'histoire à la légende*）內容旨要

　　論文於一九八六年由高等漢學研究所論文集刊出版（共四百七十九頁）（*Collection Mémoires de l'IHEC*）。一九八七年，獲得全體評審人士的一致

讚賞，頒發了法蘭西銘文與美文學術院（Académie des Inscriptions et Belles-lettres）的翟理斯獎（Le prix Giles）。以下嘗試透過解讀這論文的兩大部分，即「史傳部分：從史實到傳說」，以及「作品部分：傳統舊作到現代新製」，探其研究之心得，窺其學術成就之一斑。

圖一　鄺慶歡博士論文
《王昭君中國烈女：從歷史到傳說》封面

在介紹論文之前，先引她的導師桀溺（Jean-Pierre Diény）[1]先生寫在法

---

[1] 桀溺（Jean-Pierre Diény）(1927-2014)，著名漢學家，高等師範學院畢業，師從漢學大師戴密微（Paul Demiéville），專研中古文學與人物。於一九七〇～一九九七年間，任法國高等實驗研究院（Ecole pratique des Hautes Eudes）第四組：「史學與文獻學」論文指導教授。研究論著如《古詩十九首》（*Les Dix-neuf poèmes anciens*）、《中國古典詩歌淵源：漢代抒情詩研究》（*Aux origines de la poésie classique en Chine. Étude sur la poésie lyrique à l'époque des Han*）、《曹操的詩歌》（*Les poèmes de Cao Cao*）等，影響深遠。

文版序中的幾句話：

> 眼前的這部著作，為我們開出一條新的研究道路：當我們西方人研究歷史英雄、文學神話時，直到現在鮮有跨越本身的文化領域。我們可知道哪些中國傑出人物，及其持續的新生面貌？而中國方面，有無深入探究那深厚的鏡子，即其自身轉化的啟示，從中窺見到他們祖先的演變面貌？所以這本書值得中法雙方讀者的注意。
>
> 中國文學中的相關資料都收集在此，作者研究之嚴謹，可說是典範。分析精微敏銳，有洞察力，沒有平庸鋪陳。思考、提問，處處可見。
>
> 簡言之，這部著作，增添了中國大語文學家的研究之榮譽。

1 史傳部分：從史實到傳說

作者從王昭君出塞的歷史遠景說起，關係到由來已久的匈奴擾邊，及漢武帝的和與戰政策。作者首先追蹤匈奴歷史，匈奴內爭，繼位單于勢力削弱，促成呼韓邪單于親漢。不多見的是作者列出一張匈奴世系表，使我們更清楚瞭解王昭君出塞前雙方的政治形勢，繼而引兩漢書的記載。

在班固《漢書》中，王昭君的個人歷史，祇在〈元帝紀〉及〈匈奴傳〉中得到信息。〈匈奴傳〉：（當呼韓邪單于入朝）「元帝以後宮良家子王牆字昭君賜單于。」〈元帝紀〉中則說：「賜單于待詔掖庭王檣為閼氏。」簡單的兩句話，連名字也有抵牾。

而范曄《後漢書》在〈南匈奴傳〉中則間接提到王昭君的個人歷史：「遂殺知牙師。知牙師者，王昭君之子也，昭君字嬙，南郡人也。初，元帝時以良家子選入掖庭」等等。此段較《漢書》有增飾，也有不同：一、南郡是王昭君的故里；二、因怨憤，自請求嫁匈奴，在《漢書》則因詔令遣嫁；三、王昭君有返回漢土的企圖；四、所生子被繼位的兄長單于所殺。以上都是《漢書》所無。（《後漢書》記載昭君與呼韓邪生二子，也不同於《漢書》之一子，但或祇屬誤記，不論。）內容增多之外，范曄描述王昭君生平的文

辭，也逐漸使一個歷史人物染上小說傳記的色彩。

作者認為素樸、可信的史實，多在《漢書》。到了《琴操》，第一次出現被認為是昭君作的〈怨曠思維歌〉於書末。此與前兩正史最大不同有三點：一、昭君出身，繪形繪色；二、拒絕再嫁己子（有違胡俗「祇妻後母，不妻己母」），服毒自盡；三、下葬處，生出青草，獨異於周圍的黃沙白草，稱「青冢」。

在《西京雜記》中，有關王昭君的記載，傳奇性更加濃厚，出現畫工毛延壽從中播弄作假，加強了昭君命運的悲劇性，造成漢元帝後悔莫及，殺畫工。《琴》、《西》兩書的作者問題，歷來頗多爭論：前書或說東漢蔡邕作，後書或東晉葛洪，或南朝梁吳均作。

自此可見王昭君如何從歷史上的小人物，發展成傳奇人物的主要線索。《琴》、《西》兩書幾乎齊集了以後傳說中的如人物、情節、背景（寂寞漢宮，後人憑弔之青冢）等各種元素，唯缺乏了琵琶一物。蓋琵琶最早的出現，見於晉石崇的《王明君辭序》；及至唐代，成了昭君不離身的愛物。

繼而討論正史與傳說中的問題，進入對類書及隨筆之搜索，除了《北堂書鈔》和《藝文類聚》之外，特別描述了敦煌抄卷的《類林》殘卷，其中八、九、十，三卷，各不全。經作者考校，指出王重民《敦煌古籍敘錄》中的錯誤。再與（金）王朋壽《類林雜說》相比，得出敦煌《類林》殘卷和《類林雜說》的內容「相去絕不會有大距離。」

藏於日本的《琱玉集》，卷十二、十四兩卷，與《類林》屬同一型之作品。作者總結：有關王昭君，不論官修私修之類書，大都混淆不清，又都說稱引《漢書》。其次將王昭君歸入「美人類」，不見於早期官修類書。宋人以後公私類書，不出唐人範圍，最多把毛延壽別出一目。

在近人專題研究的論著中，關於和親匈奴是「承詔被動或主動請纓」，作者支持宋人王觀國在他的筆記小說《學林》裡的說法：不可能自動請行。她就《史記》〈漢帝紀〉及〈匈奴傳〉所記載，得出凡事需經論辯而後定。事關國策，非皇帝一人興之所至，隨便賜予的。即使是器物，也經過考慮、選擇後才送出。《後漢書》〈南匈奴傳〉中便記錄了漢帝賜良弓利劍，而不送

對方所希望之竽、瑟、箜篌等樂器的答詞，以解釋原因。若再看漢昭帝元康二年（公元前64年），烏孫請和親的過程，一切經過周詳安排。漢方先派使赴烏孫受取聘禮，烏孫派遣親貴近臣及大將三百多人至漢，作迎親使者和儀仗。不但「公主」人選已定，連陪嫁的百餘人也已選定。值得一提的是這批將出塞的人，須先學習烏孫語言，以便日後能溝通。對遠域的烏孫小國，漢朝尚且一絲不苟，那麼與接邊的大國匈奴和親，怎麼可能由王昭君因悲憤積鬱，作毛遂自薦？

第一部分的最後一章，述及王昭君傳說的地理遺跡：昭君的故里、以昭君為名的村、祠、廟；塞上青冢、昭君村和昭君墓的修建新貌，昭君墓成了一座「民族友好的紀念塔」。

作者查閱了眾多縣誌和隨筆，考校昭君村的不同地理位置後，引出當地生女「灼面」的風俗傳說。把女子臉上的疤痕和昭君直接拉上關係，先有白居易的五言律詩：「不取往者戒，恐貽來者冤；至今村女面，燒灼成瘢痕。」後有宋范鎮，在其《東齋記事》說：「歸州民家，自漢王昭君嫁異域，生女無妍醜，必炙（原字爪＋火）其面，至今其俗猶然。」作者在范成大的《吳船錄》中探出傳說的背景，因當地「盛夏無水，土氣毒熱，如爐碳燔灼，山水皆有瘴，而水氣尤毒，人喜（善？）生癭，婦人尤多。」而范成大的從行婢女因喝了這水，就生了癭瘡。在沒有醫療護理的情況下，留下疤痕，大有可能。

可見傳說加上詩人的想像，變成了一方的風俗。不過作者並沒以此為定論，祇視為一種可成立的假設。這也是作者一貫的研究態度。

王昭君在歷史上的貢獻，成就了中國與匈奴的和睦相處，邊境安靖長達五十餘年。這是不容置疑的歷史事實。弔詭的是正史上的昭君資料如此稀少，卻能挑引起數之不盡的文藝作品，歷世不衰。這便是論文第二部分的研究主題。

2 作品部分：傳統舊作到現代新製

（1）傳記及碑刻文字

這部分的首章，在討論文學音樂作品之前，作者先說及傳記和碑刻文字。這些文字多為清以來昭君故里地區的長官，或者戍邊官員路經「青冢」而作。前者著重讚揚她的道德情操，如李炘稱其忠孝雙全，忠武屈原：「其慷慨激昂之忠，雖烈丈夫何加焉。」後者著力宣揚其功業成就和英雄氣概，如大同府知府朱潤等立《青冢詩碑》，上刻彥德題詩：有「一身歸朔漢，數代靖兵戎；若以功名論，幾與衛霍同」；范昌棣在《重修昭君祠記》中說：「其必碎身圖報之不遑，而豈怨與！」昭君成了女中荊軻，死而不避，更無怨悱之情。總而言之，為世人立榜樣，目的「可為後世勸」。

關於王昭君自作詩文，傳說中有兩詩，即敦煌寫卷《類林》及日藏《琱玉集》中所說，昭君臨出發前泣淚辭漢王，作五言詩。另說有二首，或說有十二首。但都沒有載錄，所記都祇取傳聞，作者認為不必太花筆墨。

另一《怨曠思惟歌》，乃四言長詩（共二十四句）。究竟作於何時？一說入胡後，一說「將入匈奴時作」。至於此詩是否為王昭君所作，對立觀點紛呈。明陸時雍沒有直接涉及真偽問題，但對此詩的評價不高，認為技巧不夠，是「有情而不能言情之過」。清劉玉森則推崇備至，將之與三百篇比：「哀吟悱惻，即以詩論，標韻風格，當不在三百篇下」，並肯定為昭君所作。可以說，凡欣賞此詩者，也就是對昭君本人價值的肯定，而後將此正面價值投射到作品上。而一般研究王昭君史實的，都持否定態度。作者同意這否定觀點，認為當出於有一定文學修養的無名文士之手，該作者並將昭君與《後漢書》中的孫公主誤混。

另有被後人引述較多的《入胡報帝書》，也極不可靠。魏應麒說「語氣文體，均是六朝」；或是文人好事所為（容肇祖說）。無論作者是誰，假昭君之名作諷喻，非常清楚：「獨惜國家黜陟，移於賤工。」這是對國事興黜的慨嘆，另一方面，對個人得失卻處之泰然：「誠得捐軀報主，何敢自憐。」我們可以看到，《入胡》和《怨曠思惟歌》組成了昭君的忠與孝的證據，對

這些擬作者而言，昭君並非祇具驚人豔色，另有更可貴的道德價值。立足正面價值的文字還有不少，形成「君王不再以美色為重，昭君一身替代了沙場上的千軍萬馬，毛延壽可被原諒了！」（見頁二三三）

（2）文藝作品：詩詞

次章述說以王昭君為題材的各種文藝作品，而詩作的數量占了絕對優勢。南宋年間已有陳岩（字民瞻）把昭君事蹟及歷代吟詠她的詩歌，編輯成集（其友呂午作〈王昭君辭序〉，此集或名為《王昭君辭》）可惜沒流傳下來，因一般的討論文章中已不見提及。流傳至今可見的，是清人胡鳳丹編的《青冢志》，一本以王昭君為主題的總集，提供了最基本且相當完備的資料。近代的研究論文、詩歌選集，甚多取材於此。

從漢以來直到清末，歷代有關昭君詩詞共計八百餘首（論文附有「統計表格」）。作者以作品主題分為四類來研究：一、王昭君；二、漢王；三、毛延壽；四、和親。其中當以詠昭君的為眾，單是描述悲、恨、怨的已近二百首。也有解怨、唱反調的詩：如「當時若不嫁胡虜，祇是宮中一舞人。」（唐王叡）；「當時不遇毛延壽，安得芳名播千古！」（宋？李學道）等等。至於讚頌類的，有著名的曾鞏詩句：「自信無由汙白玉，向人不肯用黃金。」；清李含章「大抵美女如傑士，見識迥與常人殊。」讚美其英風凜凜的亦不少：如宋郭祥正：「能為君王罷征戍，甘心玉骨葬胡塵。」最後，元虞集的《題昭君出塞圖》：「天下為家百不憂，玉顏錦帳度春秋；如何一段琵琶曲，青草離離詠未休。」表現了浩蕩曠達的胸襟，是少有的例子，很受現代人青睞。因篇幅關係，這後面三類，不再引述。

我們略過〈詞彙〉一章，直接介紹〈詩詞選述〉。這一章作者舉出借王昭君而別有立意的詩作，一般都是下第舉子、仕途挫折、朝臣外放等人物。他們用昭君自況，借毛延壽揭露小人當道，一洩怨懟。至於引起後人紛紛爭論的詠昭君詩，得推王安石的兩首《明妃曲》（作於宋嘉祐四年，即一〇五九年。見論文頁三一二）。尤其第二首詩中的兩句：「漢恩自淺胡恩深，人生樂在相知心。」范沖（1094-1131）讀後，將王荊公比作禽獸，雖叛國投金

的劉豫，罪亦不出其上，說其「壞天下人心術」；另有宋羅大經指該詩「悖理傷道」，更推論說：「苟不相知，臣可以叛其君，妻可以棄其夫？」可是，這兩首詩一出之時，卻馬上得到歐陽修、司馬光、曾鞏等唱和，極一時之盛。舉歐陽修和作為例：「絕色天下無，一失難再得，雖然殺畫工，於事竟何益。耳目所及尚如此，萬里安能制夷狄？……」這也是把矛頭直接指向人君。可見當時的著名文人並沒有指責王安石反傳統的思想意識。

（3）敦煌寫卷之一：詩詞

這兒要較詳細介紹的，是論文中對收藏在巴黎國立圖書館，有關昭君資料的考查。先述編號P.2555, P.2673, 和P.4994三卷，均載《王昭君安雅（詞）》。詩屬五言古體，共三百八十字，是唐人有關作品中少見的長篇。不見錄於歷代詩集，稱得上是孤本。即便近代的研究論文，也罕有提及。

P.4994祇八行，書寫不全及誤字甚多，無校勘價值。本卷正面是《毛詩箋》的鈔卷，此八行是寫在背面的。P.2555和P.2673二卷所錄首尾均全，其中P.2673書法較佳，誤字極少，但多處殘破。作者將之與P.2555互校後，大致可得窺全文。三卷都不記何人所作，題目署有不同，P.2673題作：《王昭君安雅詞》；餘二卷無「詞」字。可注意的是P.2555和P.2673在王昭君和安雅（詞）之間均空一格，是以有推測「王昭君」或為樂府古題，而以「安雅（詞）」為副題，實質後者才是本詩之正題。清袁枚有《安雅》詩之作，多少可為我們的假設作證。「雅」字在本詩題中，該作「雅正」意，取荀子《榮辱篇》之「君子安雅」（其注：「雅，正也，正而有美德者謂之雅。」）通觀全詩的敘事詠情議論，均頗有尺度，符合雅正不失。全詩用第一人稱的代言體，首段王昭君言為丹青所誤，冷落掖庭：「自君信丹青，曠妾在掖庭；悔不隨眾例，將金買幃屏……奈何萬乘君，而為一夫惑；……」第二段是漢帝對語，自言失察，又悞於許婚單于：「朕以富宮室，美人看未畢；故勒就丹青，所期按聲實……單于頻請婚，倏忽悞相許……」後來漢王更反省自責：「故我不明察，小人能面欺；掖庭連大內，尚敢相朦昧；有怨不得申，況在朝廷外。」第三段復為昭君對語，以「天子言無戲，豈緣賤妾情，

遂失邊蕃意⋯⋯」不能為昭君一人而失信惹邊患。又追述「二八進王宮」之時，本意「常伴君身旁」。第四段昭君上馬出塞在即，表達此心未改，願為國獻身：「顧恩不告勞，為國豈辭死」；又「生願匹鴛鴦，死願同螻蟻」。最後以奉勸當日黃金買賄的宮人，「寄謝輸金人，玉顏常自保」作結。

這首五言長詩的幾個主題，不出《西京雜記》的範圍。畧不同的是：昭君依戀君王，卻以國為重，有哀而無怨；君王能自我反省，免除了第三者以下犯上的指責嫌疑。這些大概都是詩名「安雅」所取義之處。

敦煌寫卷編號P.2748，正面是《古文尚書》殘卷，背面錄有詩文多通，其中之一是《王昭君怨諸詞人連句》（「昭」字誤作「照」）。此詩不見錄於其它鈔卷（《歷代詩集》亦無錄？）。本卷首尾完備，字跡清楚，錯字不多，可以畢讀。題目稱《諸詞人連句》，無作者名字，應是多人合作而成。詩為七言古體，共一百九十六字，也不算短。此詩也取第一人稱，由王昭君自道（見論文頁三二七）。幾個主題與《安雅詞》相同，相異的是前詩有漢王自道自責，詠情兼議論，止於入胡前。本詩重在抒情，感情色調濃厚，言及入塞後的生涯，用力描繪悽怨，占全篇三分之一。可說突出了詩題之「怨」義。

（4）敦煌寫卷之二：變文

敦煌寫卷編號P.2553，是「王昭君變文」殘卷，所見僅為原卷後半部，故不知本題為何。近代學人始對本卷定名為《王昭君變文》，極受注目，引起中西學者的眾多專題研究。原因有二：第一，本卷所載，開出昭君入胡生活的另一面，這是前所未見的；第二，自唐而後，「變文」在文學範圍內，消聲匿跡了好幾個世紀。作者對此變文也非常感興趣，其碩士論文即以此為題。由於已有許多中西學者的專論，她自謙地說很難有突破性的研究。

從描述殘卷外貌開始，進而分析文體。變文體制的「散韻組合，說唱兼行」，即散文說敘後有韻文歌唱，相間而行。本卷的韻文部分以七言為主，七段中只有一段兼用五言，組織結構極具規律。變文從散文轉到韻文之時，必引用大致相同的「套語」以作引領。通過檢視其它變文，如《李陵變文》、《張義潮變文》、《降魔變》、《目連變》等，而以《王昭君變文》中的規

律最為統一（見表，論文中文原稿一百五十七頁）。這部分及對用韻的闡述，在已出版的法文論文中被省略了。這不是惟一的法文版較中文原稿減省之處。被省略的部分，其實自有價值，並非贅言。

　　寫卷分上下兩卷，卷上祇見最後的韻文一段半，散文一段。韻文寫入胡途中景象，及昭君的愁腸別恨。緊接散文寫抵達番邦，但見無城廓宮闕，氈帳為家；風俗飲食，與漢迥異。昭君受封作煙脂（今多作「閼氏」）皇后。又接韻文，寫典禮宴樂，不足開解昭君。上卷終；下卷始於单于為取悅昭君，組織「非時出獵」，昭君登高遠望，反而更添鄉愁。次段昭君憂鬱成病，向单于表心跡：「如今已暮（慕）单于德，昔日還承漢帝恩。」单于答語，表戀慕及哀痛之情：「公主時亡僕亦死，誰能在後哭孤魂？」為救昭君：「单于重祭山川，再求日月，百計尋方，千般求術」。可惜藥石無靈。之後描述隆重奢華的葬禮：「一百里鋪氀毹（音shu）（此兩原字：毛＋翟；毛＋梳〔減木旁〕），毛毯踏上而行，五百里鋪金銀胡瓶，下腳無處；单于親降部落皆來，傾國成儀乃葬昭君。」昭君葬在黃河北岸的「青冢」。這裏處處展現了单于是個有情有義的丈夫，也是前所未有的記載（如果王昭君能拋開鬱結，應可過較好的日子。）安排昭君死於抑鬱，較《琴操》之仰藥，及後之投江自盡，來得自然合實。變文的最後部分，韻文寫漢哀帝遣使入蕃弔慰，单于哭嘆。以漢使回程，讀祭文於青冢前作結。（是一般祭文程式，與以上變文的體制無關。）

　　本變文的創作時代，各中外學者的推論大同小異，介於八世紀中葉到九世紀初。至於作者問題，有二說：一、英國的亞瑟偉利（A. Waley）認為是太和公主出嫁時（長慶元年821年）的從行人。二、日本學者根本承認為是寄居邊境的內地人。研究敦煌學的謝海平先生則贊同亞瑟偉利，但署作保留，認為雖不能遽然肯定，但作者必然躬逢公主出嫁，親歷西北各地，否則斷難熟悉胡俗及地名如此親切。法國的戴密微（P. Demièville）教授則認為變文中的有關地理及異族風習，並不統一，不適合於一定的時限及範圍。與其說是親身體驗，無寧說是唐人對西北異族，自漢代匈奴以來，至南北朝，隋唐間突厥與回紇等民族的一般性知識及觀念。作者傾向這說法。

（5）戲曲研究

　　論文最後一章詳及傳統戲曲的研究，從元馬致遠《漢宮秋》、明《和戎記》、清《雙鳳奇緣》及至八十年代，各種地方戲劇、小說、民間歌曲和說唱音樂，如北方大鼓書、江南評彈、廣東木魚書、閩南歌冊、南管等等，無不一一闡述探討。戲劇對王昭君故事的傳播，其形象在大眾間的塑成，起著無可替代的作用。而且各戲曲藝術因時因地繼續為故事增添素材。如王國維尊為一代絕作的《漢宮秋》，安排了漢王聽得昭君琵琶聲，怨悱動人，而後召見，驚為天人，封作「明妃」，以主西宮。自此開始建立了元帝與昭君的情愛關係。至於作者佚名的長篇傳奇《和戎記》，在藝術上遠不如《漢宮秋》，在情節上又穿插了甚多前者所無的人與事，增添神秘應兆等，顯得堆砌。但其中寫〈出塞〉的一折，特別優異出色。傳統地方戲曲中搬演王昭君，常以出塞為重點，可說是此劇開出的影響。再從通俗傳播的廣度而言，《和戎記》也非其它劇種所可比擬。我們這裏就舉這兩大作品為例，不再詳述其它劇目。但值得一提的是在閩南歌本中之《王昭君和番歌》，有兩段朝臣議奏的文字，論出兵趕救，無奈兵弱糧缺：

> 舊時政治不合宜，現在外國新政治，思卜富強著學伊：六部官制著改名，府梁改作審判廳，立憲原著設自治。投票選舉有名聲，學堂設立日日新，派去出洋留學生。實行新政會認真，隨時富國共強兵，到時兵馬練足足，殺得番兵未返身。

很清楚，這是清末維新運動的理論，應用在地方劇的歌詞中了。

　　可以說歷代文學作品及戲曲演唱繼續塑造、豐富昭君的形象，直至今日。要言之，昭君的面貌不出下列三種：悲劇英雄、哀怨淒慘、忠孝愛國。

3　後語

　　作者在結束論文之前，沒忘記敘述外文作品。尤其是英法文的譯作，包括《漢宮秋》及《雙鳳奇緣》，另有越南文和日文中的有關資料。

總括而言，作者以同情投入的筆觸寫下這部論文，又能抽離表象，作客觀冷靜，仔細深入的分析。但作為她素稔的朋友，我感受到慶歡已將自己投射到王昭君身上，作者已是王昭君！此絕非聳言，從其詩作中亦可窺見（見附錄的幾首《詠昭君》）。此一深層的內在的生命搏動，造成其學術成就。此所以其文具有震撼力，不同於一般論文。

最後引作者在結論中的話：「我們的女英雄王昭君之所以『芳名播千古』，並不在於她本身的素質，而是由於政治及社會形勢。昭君生時被冷冰冰的犧牲掉了，死後同樣冷冰冰的被用來宣傳政治策略。這論文還沒能徹底完全地涉及各方面。……繼此而後可研究的主要為肖像學、音樂、現代外語作品。同時進行比較研究，與中國歷史和文學上的其它女性作比較；或者由西方文學中的偉大神秘人物形象，引發我們從另一全新角度來考察王昭君。」

今日讀來，這些話成了我們的校友鄺慶歡的遺願。

（二）其他研究

慶歡於一九八八年三月進入法國科研院。翌年七月，科研院通過了對她的研究工作業績的肯定，正式聘為研究員。誰料一年之後，慶歡病情急劇變化離世。這三年內，她向科研院提交的年度研究匯報，在遺物中均保存了副本。透過這些資料，還有她的導師對她業績的評審，可以幫助我們了解她繼論文之後，在研究領域上如何作進一步的拓展。

在一九八九年的匯報中，慶歡對未來的研究方案的陳述，除了上面我們曾提及的在臺北的學術會議上的論文報告（按：轉錄「匯報」內容），還有對廣東文學的研究、對女性在古代的道德規範的探討等。具體內容如下：

一、對廣東民間文學的研究，將從兩個方向展開：

（一）廣東作家的作品，其內容與廣東省的歷史有關；（二）用粵語創作的作品。

「……這項目的實現，在很大程度上取決於合適材料的獲取和實地的調查。所以這對我來說將是一項長期的工作。我會對法國國家圖

書館、臺北傅斯年圖書館、香港中文大學圖書館等庋藏的有關文獻及研究資料著手。我已開始研究法國國家圖書館收藏的作品，即情景小說和典型的粵語木魚書。」

二、從中國古籍中探討女性的狀況、道德準則與現實性；考察一些基本的規範文獻，以第一至第六世紀的四本奠基性的典籍開始，包括班昭的《女誡》、宋若昭的《女論語》、徐皇后的《女訓》、王相之母徐氏的《女範捷錄》等（這些書後來被合編成《閨閣女四書》）。

桀溺教授在這年的六月二十四日呈上的評審報告中，扼要地肯定了慶歡的研究業績：

在法國國家科學研究中心工作的第一年，鄺女士充分證實了她的研究才能、開創精神和興趣的多樣性。一九八八年十月，在去中國作田野考察之前，她參加了在日本舉行的東亞宗教會議，並在會上發表了一篇論文。一九八九年九月，她將參加臺灣通俗文學大會並發表論文，同時會利用此行，繼續在臺灣和香港從事粵語文學工作。

她對幾部彙編的出版物所作的貢獻是不在話下，而最重要的，是她調整了那些長久以來對中國民間戲劇的材料的研究。這些材料，是她這次在中國逗留期間收集的，大部分都未出版過。

這篇學術著作很快就會在漢學期刊上發表，它是她那篇博士論文的出色延伸。別忘記這篇博士論文曾獲得了銘文與美文學術的獎項。最後，我想指出，鄺女士繼續積極參加我的研討會，並於一九八八年在那裡就我們的一篇研究文本作了精彩的闡述。

在上面桀溺教授的評審報告中，提到了慶歡於一九八八年十月到過中國作田野考察，逗留期間（十月十九號至十一月五號），收集了大量的中國民間戲曲材料。事實上，根據慶歡遺下的一批書信及護照的出入紀錄，她為收集王昭君資料，早於一九八五年中旬已到過中國（六月二十六號至八月十九號）。其中有林幹教授八十五年八月三十一日的來函，提及慶歡返抵巴黎，

以及她到內蒙古收集昭君資料之事；她此行拜訪了中國藝術研究院的戴淑娟教授，後來的幾年，得到戴的鼎力幫忙，為她提供了許多與王昭君有關的寶貴資料，而戴對她的學養亦敬佩有加；另外，在一九八五～一九八六年之間，慶歡曾跟國內的幾位教授學者書信往還，為我們提供了一些饒有意義的訊息。其中包括有中山大學的王季思教授和蕭德明教授、內蒙古師範大學的余國欽教授和可泳雪教授。慶歡於一九八六年元旦分別寫給王季思和蕭德明的信中，談及合作編纂《王昭君資料彙編》之構想，轉告他們余國欽和可泳雪兩人已獲教育部「古籍整理計劃」的批准，把他們對「王昭君資料」的整理工作項目，納入這計劃範圍內，同時提出了他們的合作意見。

在長達一年的書信交流裡，余、可兩人與慶歡就合作一事，彼此就構思與實況兩方面，多次提出了具體的方案。根據可泳雪一九八六年一月二十號的信，他對與慶歡合作，充滿信心：「來信關於今後合作的各項意見，我們都完全同意。從您所提各項意見及將我們的信複製寄奉王（季思）、蕭（德明）兩先生徵求意見的做法看，我們感到您為人處世的坦誠認真，特別是您對這項工作的宗旨和目標的看法，和我們完全一致。這就更增強了我們合作的信心。」並對慶歡願意承擔「筆」、「類書」、「音樂」、「圖畫」部分的蒐集工作，表示難得：「這就是我們過去未曾著意或雖有意蒐羅而所得無幾的。」可惜慶歡遽然離去，這項工作遂失去了一位能挑大樑的理想合作夥伴。

二　行誼方面

鄺慶歡在法國十七年，求學、研究，堅毅沉潛，孜孜不倦。除了學術上取得豐厚成果，她在巴黎第七大學任輔導員、在法國國家圖書館任臨時職員、在南特大學（Université de Nante）教廣東話、在中法友好協會授書法等的表現，因認真的態度和深厚的學養，贏得眾人稱譽；在她撰寫博士論文期間，曾受聘於法國高等實驗研究院（Ecole Pratique des Hautes Etudes）半職，任施博爾（施舟人，Kristofer Schipper）教授的助理，除編纂「道藏提要」工作，並協助與對外學者、訪問學人的學術交流。在這項任務中，慶歡

發揮了她的才能,除了編纂組內的成員受過她的教益,不少中外學者,其中包括饒宗頤、陳智超、李遠國、陳耀庭、吳曉玲、黃兆漢、板出祥伸等諸教授亦得過她的襄助。

慶歡除了深厚的學養受到同行稱頌,她的一手好字也是圈內馳名。因當時還未有電腦植字,所以出版漢學的學術專著或論文,當牽涉到中文專有詞彙,或引用中文文本、人名、地名……時,都需要用筆填上。法國漢學家一般都不能勝任這項工作,大多是請中國學生代勞。慶歡書法清麗遒健,加上她處事態度謹慎,一絲不苟,深受歡迎。現在我們看到許多漢學論著裡的中文字,都是出自她的手筆。汪德龍(Van der Loon)教授就特別禮聘慶歡到英國牛津,協助他編纂《宋代館刻及家藏道書目錄》,以及書寫裡面大量的中文字。此書出版時,除了那紮實的內容受到學界重視,而頁頁秀逸的書法,更是一時稱譽。

事實上,慶歡書法,不僅在填寫中文字方面受注意,她還多次被邀請展出她的墨寶,深獲大眾好評。以下,是她歷次書法展覽的紀錄,我們從中可以感受她對書法的深情,以及對這門藝術熱烈的推動。

一、一九八四年

L'Art d'Ecrire, «Au Fil du pinceau»

Frédérique Pinzan(刊載於Aubervilliers報)

報導了這年的五月二十三日至二十六日,慶歡在聖瓊・佩斯(Saint-John Perse)圖書館的書法展覽。當時,她在巴黎的中法友好協會(Association des Amitiés franco-Chinoise)教書法。在是次展覽中,她作了一場示範演講。

二、一九八七年四月十一日至二十九日

巴黎野草書局主辦「中國書法展覽」,慶歡有書法參展,並於四月二十五日下午在展出場地作了示範及講座。

三、一九八八年三月

整個三月,諾曼第(Normandie)的Yvetot市鎮舉辦了節目豐富多姿的中國節,其中有華人作家亞丁就其剛出版的法文小說《紅高粱》

（*Sorgho rouge*）的開幕演講；臺灣小鏡園的木偶戲《美猴王》表演。慶歡被邀請展出書法作品共二十四件，並作了一場示範和講解。此外，Yvetot這期月刊的名字，請慶歡書寫，於是「依福土月刊」的中文名字，破天荒代替了該刊歷來的法文名字，而秀逸的書法，是這期號外的亮點。

圖二
鄺慶歡為這期的Yvetot，書寫了中文名字「依福土月刊」。

四、一九八九年四月十八至五月三十一日

慶歡在法國Melun市展出書法作品十七幅。

五、一九八九年六月十五日至二十一日

La Parole Etrante 拍攝了《道教在生活中》（*Taoïsme vivant*）一共四輯的紀錄片。計為：第一輯：書法；第二輯：醫藥；第三輯：太極拳；第四輯：道教儀軌——符籙。慶歡擔任第一輯的主角。

是項計劃獲比利時國家學術研究基金贊助，監製公司是比利時的RTBF Bruxelles，執導者是比利時的 Marie Storck 夫人。

片長約半小時，先圍繞著主人翁的日常生活，然後慢慢進入她揮毫練字的情景。牽涉的場地除慶歡的住所，還有鄰近的跳蚤市場、唐人區

的中國超市、亞洲學會（Société Asiatique）、集美博物館（Musée Guimet）圖書館等。突出了書法，並非一獨立的活動，而是與生活息息相關。紀綠片在八月中剪接，完成後曾在集美博物館放映室試映，我們當時在觀眾之列。猶記影片開始，慶歡握管在紙上揮毫，是草書千字文：「天地玄黃，宇宙洪荒……」

這是慶歡在她的書藝研習中，最後的一次公開示範。

六、一九九〇年五月慶歡的十一幅書法作品，在巴黎遠郊的奧賽（Orsay）展出（另有葉耀煌的兩幅、日本的安本年子九幅，森聰子五幅）。她於這年七月一日離世，所以應該沒有親自到場。

慶歡逝世後，巴黎市立賽努奇亞洲藝術博物館（Musée Cernuschi）與桀溺教授接洽，收藏了她八幅書法卷軸（書法圖文見該博物館二〇〇六年出版的《行事誌》：*Activité du musée Cernuschi*, p. 220）。

圖三
鄺慶歡以草書「千字文」揮筆示範，拉開影片《道教在生活中》的序幕。

圖四
巴黎市立賽努奇亞洲藝術博物館（Musée Cernuschi）收藏了鄺慶歡的墨寶。

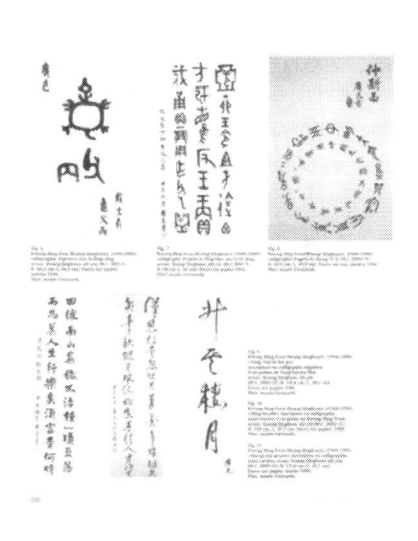

三 結語

　　慶歡除了致力於學術的研究，還在她導師桀溺教授的指引下，開始合作翻譯西方與女性有關的文學著作。慶歡臨終前，他們已完成了法國的一部劇作《安提戈涅》（*Antigone*）的中譯。此譯本於一九九四年出版，數年後再版。桀溺教授寫了一篇序，他在末段這樣說：

> 這中譯本，在一九八五年開始，遺憾的是，鄺慶歡不能看到她工作的成果，此書的面世。她長久以來對王昭君甚為著迷，是另一位女性處境的人物。她亦很愛這位中國女主角的希臘姐妹，一個同等不幸的純潔形象。她為她的反抗、不讓步、拒絕妥協而分憂。然而，造化弄人，這真是一個殘酷的反諷，就像阿努伊的安提戈涅，慶歡竟過早地死於一個荒謬的死亡中——不知是否該想成，這也是一個無意識地等待的死亡。慶歡是否跟她的主人公一樣，心裡默默地說：我要今日對一切都有把握，否則就是死亡？

　　是的，無論王昭君，還是安提戈涅，都是帶有悲劇性的人物。慶歡過早死於一個荒謬的死亡中，無疑是一悲劇。桀溺教授痛惜愛徒英才早逝而生此嘆，如孔子之泣顏回，可以理解。不過，我們認識的慶歡，是積極進取的，她做什麼事都全心全意，又充滿生活情趣；在異國的奮鬥生涯中，儘管遇上挫折，或有不如意事，但她甘之如飴。她有詠昭君之詩以自況：「天下為家百不憂，膻酪可餐懶他求，人生自有相知樂，華月何處未春秋。」她居住的室名，從初時的「且棲居」，到後來的「樂宜居」，可見其心境開闊，樂天安命。

　　慶歡的生命雖然短暫，但充實而有光輝。桀溺教授在慶歡的追悼文裡的說話就是最貼切的註腳：「她給我們留下了一個美好的、鮮明的、聰穎的和奮發的——燦爛的回憶！」（見附錄一）

附錄一

Kwong Hing Foon (1944-1990)（《鄺慶歡（1944-1990）》）

Jean-Pierre Diény（桀溺）撰
Etudes Chinoises（《中國研究》），1990, 19:1, pp. 259-261.

　　鄺慶歡剛從她的同事和學生的友情中被奪去生命了。七月五日當天，漢學研究所的新禮堂內，佈置了她的遺像、她傑出的書法、朋友們致送的輓聯。

　　她的家人與我們一大群人聚集一堂，致以深切的哀悼。淒傷流露在每人的臉上：為什麼對待這年輕的生命是如斯不公？她還充滿精力，滿懷著希望，然而卻一下子就化為烏有？

　　對我們同行來說，慶歡之死是一個無法彌補的損失。她以她獨特的才華，無私無求，慢慢地在我們漢學界中取得了中心位置。我們當中有不少人曾得過她的幫助，也曾從她的意見中獲益：她每每能讓人衷心信服，因為，她不但學養豐富，而且判斷事理審慎明確。而在我們這個圈子中，我們是否認識到許多學者，可以像她一樣對未確信的事情從不妄斷，不僅對人，還有對己，一樣地堅持著批評的態度？

　　鄺慶歡生於香港一個廣東家庭裡，一九六三年考入香港中文大學新亞書院，主修文學，副修歷史。一九六七年得到文學士學位，旋即進入該書院之研究所（新亞研究所），撰寫論文，研究宋人周邦彥詞。一九七一年榮獲碩士文憑。不容置疑的是，她那份特殊的本質，便是在這所名聞遐邇，繼承中國傳統學術文化的園地裡蘊育與成長。翌年，她考取了香港教育學院的教育文憑，更充實了她的資歷。有了這張專業資格的證書，她可以在高中任教，一直到她負笈法國。

　　一九七四年，她以一個法國獎學金生的身分抵達巴黎，開始學習我們的語言，以後一直努力不懈，至臨終前還作深入鑽研。抵法不久，為了生計，

同時也為了能一步步達到得以充分發揮自己的才能，她運用了一己的學識而努力工作，譬如在巴黎第七大學任輔導員，在法國國家圖書館任臨時職員，在南特大學教廣東話，在中法友協會授書法，最後更成為「道藏計劃」的合作夥伴。她處事之認真，她的聰慧以及她那堅實的中國文化之學養，處處受到別人的讚賞。特別是，在她參與施博爾先生領導下之國際研究事業時，受到同組人的欽佩和感激。

在這多重的工作裡，她總是自強不息，攀越我們大學的幾個階梯。雖然免修了大部分的碩士課程，她仍然為了獲得這個學位而撰寫了一篇以《王昭君變文研究》為題的論文。主要內容（〈王昭君變文校釋〉）見於日後出版的一本中文專刊《中國古典小說研究專集》第五號（臺北市，一九八二年，頁一四五～一八四）。而她與王昭君這個人物，遂結下了不解之緣。她致力於研究王昭君的命運──一個最初以歷史作根據，繼而被想像，被思考了好幾個世紀的人物。最終，她完成了一篇出色的論文。這篇論文是她學問與心血的結晶，讓我們看到豐富的學識與巧妙的剪裁，怎樣成功地在一篇論文內表達與運用。至於其他讚美之詞，已不容再贅！憑著這篇論文，她於一九八五年取得了博士銜頭，並於翌年取得高等實驗研究院的「學生文憑」[2]她這篇作品，以《王昭君中國烈女：從歷史到傳說》為題，於一九八六年由高等漢學研究所論文集刊出版（共四百七十九頁）。一九八七年，獲得全體人士的一致讚賞，頒發了法蘭西銘文與美文學術院（Académie des Inscriptions et Belles-lettres）的翟理斯獎（Le prix Giles）。

經過這一連串的堅毅與奮鬥後，她終於在一九八八年進入了法國國家科學研究中心當研究員。這個職位對她來說，總算是取得了安全穩定的保證，並可以為她打開了研究的大門。所有人都相信，她將有紮實而又有分量的著作問世。她去世前兩年，曾參加過兩次學術會議。一次是一九八八年在日本；

---

[2] 高等實驗研究院（Ecole pratique des Hautes Eudes）是法國負有盛名的最高學府之一，大師雲集，但早年不設學位，註冊生可以通過研究成果的審查獲授「學生文憑」（Le diplôme de l'élève）。

一次是一九八九年在臺北。會議上,她提出了杰出而受讚賞的學術報告,奠定了她在研究中國學問上一個傳訊者的角色,尤其是在她的「血統文化」與「喬國文化」之間,任一度溝通的橋樑。與此同時,她對王昭君在明清民間之戲劇裡如何發展,作了深入的研討,成果將於《通報》發表(譯者按:此文於翌年刊出,即 L'évolution du thé âtre populaire depuis les Ming jusqu' ànos jours: le cas de Wang Zhaojun, T'oung Pao, v. 77 [1991], pp. 179-225)。至於一九八九年在臺北所作之學術報告:〈現代民間傳說中的王昭君〉,已收入臺北漢學研究中心出版之《漢學研究》(總二十五號,即第八卷第一期,頁四六一～四八三,一九九〇年)。法文譯本將刊於《中國研究》(*Études Chinoises*, 1992)(譯者按:查法文題目為 "Wang Zhaojun dans les contes populaire comtemporains";刊行頁數為七～五十五)。

當面對她突然消失於人世時,我們內心的哀痛是如何表達?應該像一種洶湧澎湃衝擊著我們般的感覺吧!她在我們的研究領域中匆匆走過,讓我們留下了難忘的回憶,美好的、鮮明的、聰穎的和奮發的——一個燦爛的回憶!

*為了紀念鄺慶歡,J. P Diény 希望以她的名義作書題,出版一本文集。他請所有願意撰稿的朋友,即日起與他聯繫。(譯者按:《鄺慶歡紀念文集》已於一九九五年由法蘭西學院出版,以「Hommage à Kwong Hing Foon--études d'histoire culturelle de la Chine」為題,納入學院的《漢學研究所叢書》,共兩百八十八頁。)

岑詠芳譯
一九九〇年十月初稿
二〇二三年八月修訂

附錄二

一段小插曲

　　慶歡於一九八九年九月參加臺北漢學研究中心主辦的「民間文學國際研討會」時，曾發生了一段頗不快的小插曲。

　　事緣於她以論文《現代民間傳說的王昭君》在大會上作了報告後，不久聯合報以〈王昭君掛帥，改寫歷史〉的標題予以介紹。慶歡認為這標題與她論文的內容不相符合，且會誤導讀者，所以立即去信報館，要求澄清。在她遺下的書信中，保留了此信的副本。當中，她將自己對一位歷史人物的形象轉變的看法，交代得很清楚，為了解慶歡在學術上的研究態度，提供了鮮活的佐證，並顯出她對「學術與政治」的精闢觀點，故謹錄如下：

> 九月五日（星期二）聯合報以〈王昭君掛帥，改寫歷史〉的標題，介紹我這次參加漢學研究中心主辦的「民間文學國際研討會」的論文，相信是有些誤會。我的論文，主要是介紹現在大陸民間傳說中的王昭君，與過去傳統文藝中的王昭君，有一百八十度的改變。我首先介紹了這種改變的特點，最後試圖分析這種改變的原因和背景。我的看法是，由於大陸推行「民族團結」政策，文藝界為了響應這個政策，努力的去創造出一個自動自覺，有理想、要為漢族和匈奴的友好關係和鞏固民族團結而獻身的王昭君，因此特別強調《後漢書》王昭君自願嫁到匈奴去的說法，而排除了說她悲憤和幽怨的部分。我沒有說過，也沒有暗示過大陸學者在「改寫歷史」。我的研究，純粹站在學術的立場，絕對抗拒政治的糾纏。從文藝的角度來看，王昭君是個有悠久歷史和傳統的文藝主題。無論中外，凡是一個重要的文藝主題，總有本身的發展歷史可說。主題中的人物，會因時代環境而改變面貌，那是必然的。不過這種發展和變易，都是自然而經得起時間的考驗的。

如果文藝的創作，受了其他利害的因素影響的話，作品便會有問題的偏差，也不容易被有識見的人接受。因此我的結論是，王昭君既然是一個相當定型的文學主題，偏要作完全相反的變易，那是不容易成功和吃力不討好的事，而且也沒有需要如此做。因為推行「民族團結」政策，是正當的事，可以考慮從另一些更有現實意義的人事方面去進行，而不必這樣吃力的去把一個已經有二千年歷史的王昭君抬出來。索性創造一些跟現實有痛癢的人物，會更有效力。最後的這一點，雖然由於我為了自己文章的風格和所採取的表達形式的技巧問題，沒有一字一句的說出來，但意思是很清楚的。

鄺慶歡一九八九年九月七號

在慶歡遺下的書信中，為澄清此事而交涉的，除了這封信，還有給聯合報那位報導記者、主編以及副總編的信。從整體內容看，她的要求似乎並沒有得到結果。如果是真的，那麼，如今把這信公開，或許可以補償慶歡當年受委屈之一、二。

附錄三

鄺慶歡的著作與論文出版目錄

一 專著

Wang Zhaojun. Une héroïne d'une Chinoise, de l'histoire à la légende. Préface par Jean-Pierre DIÉNY Collège de France-Institut des hautes études chinoises, 1 janvier 1986. 論文中文手稿（未刊）。

（一）對這本專著的書評

（法）Danielle Eliasberg（艾麗白）：《中國研究》(*Études Chinoises*)，1987, 6:2, pp. 125-127.

（法）Françoise Aubin（鄂法蘭）：Archives de Sciences des Religions, 1988, 65:2, pp. 284-285.

（英）W.L. Idema（伊維德）：《通報》(*T'oung Pao*) 1988, Live. 4/5, pp. 332-333.

二 論著

敦煌抄本《周秦行紀》殘卷——集校及版本系統，收入《中國古典小說研究專集》，第4號，臺北市：聯經出版事業公司，1982年，頁111-143。

《王昭君變文》校釋，收入《中國古典小說研究專集》，第5號，臺北市：聯經出版事業公司，1982年，頁145-184。

現代民間傳說中的王昭君，《漢學研究》，總25號，第8卷第1期，1988年，頁461-483。

（一）法文譯本

"Wang Zhaojun dans les contes populaires contemporains." *Études Chinoises*, 11:1, 1992. pp. 7-55.

"L'évolution du thé âtre populaire depuis les Ming jusqu' ànos jours: le cas de Wang Zhaojun." *T'oung Pao*, v. 77 (1991), pp. 179-225.

三 參與編修工作

（一）中文書目翻譯

l'Index du Yunjiqiqian（雲笈七籤通檢）. Ed. Kristofer Schipper, École Française d'Extreme-Orient, Paris; vol. 1, 1981; vol. 2, 1982.

《宋代館刻及家藏道書目錄》(*Taoist Brooks in the Libraries of the Sung period: A Critical Study and Index*). Ed. Van der Loon（汪德龍）, Oxford Oriental Institute Monographs. No. 7. 1985, 189 pages.

Revue bibliographies de sinology（《漢學書誌》）。在一九八六～一九八八年間，為這份期刊的第四、五、六號，撰寫了書目提要。

Dictionnaire universel des littératures: Dictionnaire de littérature chinoise（世界文學辭典：中國文學部分）dir. André Lévy（雷威安）, Paris, Presse Universitaires de France, 2000.

The Taoist Canon: a historical companion to the Daozang（《道藏通考》）, 3 volumes, Ed. Kristofer Schipper § Franciscus Verellen（傅飛嵐）, Chicago and London,The University of Chicago Press, 2004.

（二）譯著

（法）讓‧阿努伊（Jean Anouilh）：《安提戈涅》（*Antigone*）。鄺慶歡桀溺（J-P. Diény）合譯，臺北市：中央圖書出版社，1994年，231頁。

附錄四

慶歡詠嘆詩

詠昭君之一

明妃體貌畫未真，底事班郎筆墨貧；
千古風流從君詠，妍媸窮達不關身。
為寫王昭君論文讀古今眾作有感而云
時八二年八月寓巴黎界外且樓居

詠昭君之二

天下為家百不憂，膻酪可餐懶他求；
人生自有相知樂，華月何處未春秋。
昭君辭意取王安石虞集詩
八四年元月廣邑*並書
（*廣邑是慶歡的字號）

詠昭君之三

漢恩胡重怨昭君，筆墨爭貶班史貧；
千秋縱有風流詠，怎著佳人寸許真。

懷故居

少小離鄉壯未回，輾轉東西夢相隨；
問道修篁成掃土，更悲春院作豬渠；
高樓眼亂風光異，短巷聲稀舊垣頹；
縱有禿筆描故事，此情可待訴復誰。

八二年暑假聞母親與弟妹回鄉，見故園已毀，改成豬舍。想童年憩戲之所，慨而成章，時在且棲居。

新春對聯
　　桃符未貼家園隔，
　　炮竹無聲也是春；
　　隨航宇宙無脩短，
　　漫泊巴黎又一春。
　　（寫於八二年春節？）

新亞研究所與當代香港之佛學發展

鄧家宙

　　新亞研究所「以保存和發揚中國傳統的人文精神及溝通東西文化為教育宗旨」[1]，自錢穆、唐君毅等碩德創校以來以承傳中國文化為基礎，既精研儒釋道義理，也融通西方哲學。過去，許多學者著眼於新亞研究所對新儒學的發揚和影響，其實該所對當代佛學研究和發展同樣有舉足輕重的地位。

一　香港佛學之傳播

　　香港的佛學發展可分兩部分，一種是宗教性佛學。即是佛教的出家僧侶和在家信眾基於自身信仰和弘法責任而研究佛學。這種宗教性質為重的佛學在晚清時候，隨著鴉片戰爭之後，廣東一帶政治環境的變化，人口持續流動的原故，由佛教僧俗信徒帶到香港。這類佛學發展集中在他們居住的寺院，或由他們組織成立的佛學會等，因弘法的需要而作公眾性質的佛學推廣，形成香港佛學的初步發展。繼後，香港佛教人士約在一九三零年代開始在寺院裡開辦佛學院，顧名思義就是研究佛學的設施，主要進行教團內部的佛學訓練，以培養具宗教資歷的僧侶或信徒以便將來在社會各層面傳佛法，同時能存續佛教的運作。[2]顯然，佛學院是教團內部推動的學習單位，儘管當時已

---

[1] 香港中文大學新亞書院網頁。https://www.na.cuhk.edu.hk/new-asia-online-history-archives/memory-lanes/college-history/?lang=zh-hant。擷取日期：2023年10月5日。

[2] 鄧家宙：〈1920-1940年間本地佛教團體開辦之佛學班〉，載《香港佛教史》（香港，中華書局，2015年），頁73。

有僧侶在市區進行公開的佛講座，但開放給公眾人士參與的佛學學習系統尚未出現。

另一種是學術性佛學。約在一九四九年，因大陸內戰關係，國內學者南移香港辦學或遷校、或創校，前者如珠海書院等因自廣州來港復辦於文學院設文、史、哲各系的科目，也帶動了本地大專界裡開始以學術形式來研究佛學。所謂學術性質的佛學就是抽離於宗教信仰的原因，其目的不是為了培養宗教上的靈性修為，純以學術的思維與技術來探究佛學相關的題目。後者如新亞書院及研究所創校，由中國文化研究探究佛學。但必須說明的是，新亞研究所本身並非為了推動培養佛教人才，而是傳承傳統文化，推動人文科學發展，此因佛學正是中華傳統文化的重要組成元素。由於新亞研究所以文史哲學科為核心，當中就必然涉及佛學部分。從而培養了不少本地的佛學人才，並在香港佛教界，擔當著宗教佛學到研究所學術性佛學的調和者和橋樑角色。此乃新亞研究所的老師如唐君毅、牟宗三，對佛學研究具有相當成果所致。[3]

二　新亞研究所對香港佛學發展的影響

從香港佛教發展的整體來看，新亞研究所在對香港佛學的發展有四方面的影響：

---

[3]　參農：〈傳統釋經與哲學解讀：趙敬邦博士談新亞研究所的佛學證書課程〉（香港，佛門網網站，2021年5月22。）https://www.buddhistdoor.org/mingkok/%E5%82%B3%E7%B5%B1%E9%87%8B%E7%B6%93%E8%88%87%E5%93%B2%E5%AD%B8%E8%A7%A3%E8%AE%80%E8%B6%99%E6%95%AC%E9%82%A6%E5%8D%9A%E5%A3%AB%E8%AB%87%E6%96%B0%E4%BA%9E%E7%A0%94%E7%A9%B6%E6%89%80%E7%9A%84%E4%BD%9B%E5%AD%B8%E8%AD%89%E6%9B%B8%E8%AA%B2%E7%A8%8B/擷取日期：2023年10月5日。

（一）推動香港的天臺學及華嚴學發展

　　該所牟宗三教授及唐君毅二人為直接推動本地的天臺學和華嚴學的研究者。天臺宗和華嚴宗都是印度佛學傳到漢地後，在中土自創的佛教新宗派。印度固然沒有天臺學（宗）與華嚴學（宗），就是漢地而言，因傳播歷史的關係，天臺宗和華嚴宗其實只在中原、華東地區傳播，華南一帶（尤其廣東）的佛教寺院與僧侶一直無接觸天臺宗和華嚴宗。直到二十世紀，因香港的商埠地位及國內戰亂人口流動等因素，尤其在一九五〇年代之後，香港意外成為中國天臺宗的落腳地，整套法脈轉移到香港，如一九四九年在港開校的華南學佛院，駐院任教的「東北三老」正是當代三位天臺宗的大宗師，他們在港成立佛學院，造就天臺宗在香港的長久發展。據統計，當今香港的佛教寺院（或團體）以天臺宗占達半數，所屬宗派弟子人數及影響力也是最為廣泛，如已故香港佛教聯合會會長、觀宗寺方丈覺光法師（1919-2014）和他一系的徒眾所分支的各大寺院、團體正屬於天臺宗。[4] 與此同時，牟宗三在香港發表多篇與天臺宗有關的學術文章，並完成《佛性與般若》一書，這本專著對本地佛教界帶來相當震撼。一者，佛門的佛學教育一向屬於宗教性質，從未涉獵現代哲學的訓練，也欠缺吸收西方哲學及相互比較的視野。當時正因為牟教授在香港「新亞」任教及發表專著，透過他的教學和出版物，帶動他的眾多學生投入研究天臺宗學理的風氣，也使正在香港萌芽發展的天臺宗提供了學術層面的推動力。一九七〇年代以後，香港研習天臺宗佛學的人士也有所提升，從出版物等成果來推算，也打破了前此天臺宗只在華東發展的局面。（表一）

4　慧岳法師著：《天臺宗教學史》（臺北縣：中華佛教文獻編撰社，2003年），頁351。

表一　牟宗三教授關於天臺學研究著作簡表

發表年分	專論／文章題目	發表處
1971	居〈智者大師之「位居五品」〉	臺北市：臺灣商務印書館出版。
1974	〈智者大師之「位居五品」〉	《新亞書院學術年刊》第16期（香港：新亞研究所，1974年）。
1975	〈涅槃經的佛性義〉	《清華學報》第11卷第1及2期（新竹市：清華大學，1975年12月），頁52-88。
1975	〈佛家的存有論〉	《鵝湖月刊》第6期（臺北縣：鵝湖月刊社，1975年12月），頁15-19。
1976	〈天臺宗的衰弱與中興〉	《佛光學報》創刊號（高雄市：佛光山，1976年3月），頁28-56。
1976	〈直覺的解悟與架構的思辨〉	《鵝湖月刊》第17期（臺北縣：鵝湖月刊社，1976年11月），頁10-16；《鵝湖月刊》第十八期（臺北縣：鵝湖月刊社，1976年11月），頁12-19。
1977	〈佛性與般若〉	臺北市：學生書局出版。
1978	〈龍樹之辯破數與時〉	《現代佛教學術叢刊（四十六）：中觀思想論集——龍樹與中觀》（臺北市：大乘文化出版社，1978年11月），頁121-180。
1978	〈中論之觀法與八不〉	《現代佛教學術叢刊（四十六）：中觀思想論集——龍樹與中觀》（臺北市：大乘文化出版社，1978年11月），頁245-280。
1978	〈天臺宗在中國佛教中的地位〉	《佛光學報》第3期（高雄市：佛光山，1978年8月），頁78-84。

發表年分	專論／文章題目	發表處
1978	〈如來禪與祖師禪〉	《海潮音》雜誌，第76卷第5期（臺北市：海潮音雜誌社，1995年5月），頁5-19。
1979	〈金光明經玄義論「無住本」〉	《現代佛教學術叢刊（五十八）：天臺典籍研究》（臺北市：大乘文化出版社，1979年6月），頁317-338。
1979	〈法華經文句論「無住本」〉	《現代佛教學術叢刊（五十八）：天臺典籍研究》（臺北市：大乘文化出版社，1979年6月），頁295-316。
1979	〈維摩經玄義、玄疏論「無住本」〉	《現代佛教學術叢刊（五十八）：天臺典籍研究》（臺北市：大乘文化出版社，1979年6月），頁339-368。
1979	〈天臺宗之文獻〉	《現代佛教學術叢刊（五十八）：天臺典籍研究》（臺北市：大乘文化出版社，1979年6月），頁369-373。
1979	〈天臺宗之判教與發展〉	《現代佛教學術叢刊（五十六）》（臺北市：大乘文化出版社，1979年2月），頁31-88。
1981	〈中國哲學之簡述與其所涵蘊的問題〉	《中國文化月刊》第二十三期（臺北市：中國文化月刊雜誌社，1981年9月），頁35-36。
1988	依通、別、圓三教看佛家的「中道」義	《中國佛教》第32卷第11期（臺北市：中國佛教會，1988年11月），頁7-16。

　　同所的唐君毅教授對於佛教華嚴學也有深刻研究。在香港，曾有幾位華嚴宗的宗師在港活動，即是宗教層面的華嚴宗大德本身已不多，而且他們在港的時間不多，未曾對本地佛學發生影響。直到唐君毅教授出版《中國哲學原論》以及由他的課堂教學，使香港人士對於華嚴學有所認識和理解。更重

要是唐、牟兩人的著作也涉及到中西哲學思想的比較與詮釋，超出了宗教層面只局限以經解經，自宗自說的*藩籬*，彌補了宗教佛學的不足，也為佛教人士帶來新的學習視野，成為佛學研習的重要參考書籍。

附帶一提，錢穆教授對於禪學研究也相當豐富，尤其對《六祖壇經》及禪宗義理的探討相當多，只是習慣上研究或討論禪學的學者和專著效多，因此觀感上降低了錢教授對禪學研究的影響力，其實並非如此，比如一九五零年代，香港和臺灣兩地學界就著胡適先生的禪學觀點就引發了深入的學術討論，香港的哲學界和佛教界都有積極回應，而錢穆教授就是其中一位，所以他對於香港的禪學研究也有一定的影響力。

（二）帶動本地佛學學術化

因新亞研究所的學術背景及其出版物，開始帶動本地研究佛學的人士，逐漸理解到除了傳統宗教性佛學外，也需要展拓學術性佛學的領域，尤其年青一代的信徒也開始接觸及接受到以邏輯思考、比較、批判、驗證等學術方法來研習佛學，較之於傳統「以經解經」的學習模式更為積極，不但增進對佛學理解的深度，也漸漸改變本地佛教內部人才培養的方向；新亞研究所作為本地的高等院校並以貫通中西文化的橋樑為己任，透過課程及佛學論著介紹海外佛學研究的情況及動態，拓展本地佛教界的視野。需知道宗教性佛學本身局限於中國佛學，且外語能力薄弱，教內只透過佛學雜誌或個別人士的傳訊而知曉各地佛教情勢，卻缺乏佛學的交流。尚須注意為隨著新亞研究所師生的海外學術交流使到東南亞、歐洲、美洲的佛學與哲學發展，漸為本地佛教人士了解。新亞研究所遂成各國佛學義理和發展的橋樑。可知「新亞」著實帶動本地佛教內部的學術化發展。

（三）間接培養香港佛學專才

透過書院及研究所的課程，間接為香港佛教內部培養多位專才，部分更

在完成學業金後在佛教界內推動佛學發展。經統計，新亞研究所自一九五八年到二〇二一年之間，共完成三百五十八篇碩士、博士論文，當中與佛學相關共有的三十八篇，比率約為百分之十二（見表二），但當中培養出來的專才卻不能小看，該等畢業生除了純粹個人興趣而非有志弘揚佛法外，當中有若干位都在佛教界有所影響。茲以列表方式簡介幾位校友的貢獻以窺看該所培養與佛學相關之人才，如何在佛教界和學術界內發揮力量。（表三）

（四）新亞研究所佛學研究中心

新亞研究所自創立以來設立了學報、年刊、專書、叢刊等平臺，為師生們及校外學者提供發表研究成果的機會，雖然不局限於佛學研究，但對有志於佛學研究的人士，著實提供了具學術規範和評審的高水平讀物和投稿的媒介。不過站在本文的宗旨而言，這仍處在被動和間接的推動（佛學）層面。直到二〇一九年，校董會通過成立「新亞研究所佛學中心」，開宗明義要推動佛學學術研究、教學和輔導工作。當中最值得注視的是「輔導」一項，意指以佛學結合現代心理學、臨床輔導等專業，藉實際的輔導服務將佛學推介給公眾，這與過往作為高水平學術機構純粹培養碩博士人才的概念不同，而是透過具公眾性質的講座、活動和服務接觸普羅大眾，將新亞佛學學術研究，直接轉給大眾，這明顯是因當代社會需要而作出的回應，極具時代意義。

小結

新亞研究所作為香港的高等院校，透過高水平的學術研究推動本地人文科學的發展，基於教育性質，其佛學研究只限於學術範圍，一直以來與香港佛教界並無往來。然而，該所專注於中國文史哲的研究，並以佛學作為傳統華夏文化的重要成分，及東西哲學發展的特殊位置，師生們無可避免地接觸到佛學的研究，而相關的研究和成果，就間接帶動本地佛學傳播與人才培育。（表四）尤其在一九八零年代以後，「新亞」所培養的專才在佛教單位中推

動將宗教性佛學與學術性佛學的結合,以至將學術性佛學轉化並直接傳播給普羅大眾等,顯然開啟了香港佛學發展的新趨勢,極具時代的意義與貢獻。

表二　新亞研究所佛學相關的碩士及博士論文

年分	碩博	研究生	論文題目	指導教授
1958	碩士	黃聲孚	唐代佛教與政治	錢穆
1961	史碩	曹仕邦	論兩漢迄南北朝河西之開發與儒學釋教進展	牟潤孫
1963	史碩	梁天錫	宋代祠祿制度考實	饒宗頤
1966	碩士	許兆理	惠能的思想及其淵源與歷史背景	
1966	哲碩	霍韜晦	佛教的知識哲學	
1966	哲碩	李潤生	佛教唯識宗種子學說之研究	唐君毅、羅時憲
1973	哲碩	丘健仁	般若直覺與禪	
1974	哲碩	劉楚華	《肇論》思想之分析	唐君毅
1975	哲碩	廖鍾慶	三論宗般若思想的主要論題之解析	牟宗三
1975	哲碩	馮健生	僧肇、吉藏、智顗三家維摩經注疏中「不思議」義的發展	唐君毅
1976	哲碩	何國銓	大乘起信論之研究	牟宗三
1976	哲碩	岑詠芳	楞伽經如來藏藏識一體二名之辨	牟宗三
1977	史碩	李潔華	宋代禪宗之地理分佈	嚴耕望
1977	哲碩	黃漢光	佛家二諦之研究	牟宗三
1978	史碩	周啟榮	南北朝僧徒與學術教育之關係	嚴耕望
1982	哲碩	吳玉秋	印度大小乘佛學對有的概念之研究	牟宗三
1982	文碩	胡內勛	蘇曼殊詩研究	王韶生
1983	哲碩	廖寶泉	從天臺圓教看無情有性	牟宗三
1985	哲碩	陳沛然	竺道生佛性論系統之陳述	牟宗三

年分	碩博	研究生	論文題目	指導教授
1986	哲碩	羅沛霖	從中論看龍樹對法有自性之主張的批評	霍韜晦
1986	哲碩	翁正石	僧肇之物性論--空及運動之討論	牟宗三
1988	哲碩	劉桂標	陳那知識論研究	霍韜晦
1990	文碩	朱少璋	蘇曼殊詩研究	鄭健行
1990	哲碩	賴光明	華嚴宗法界緣起思想之研究	牟宗三
1990	史碩	陳正大	佛教輪迴觀念與中國社會「生之肯定思想」相對成義典交互影響之研究	羅夢冊
1996	哲博	賴光明	華嚴圓教與天臺圓教之比教研究	牟宗三、霍韜晦
1996	哲博	陳沛然	吉藏三論宗思想研究	霍韜晦
1997	史碩	張華民	中國佛教教育事業現代之研究：以星雲大師發展佛光山為案例	李木妙
1997	哲碩	李葛夫	月稱《入中論》辯破唯識無境之研究	李潤生
1997	哲碩	陳雁姿	陳那〈觀所緣緣論〉之研究	李潤生
2001	哲碩	唐偉雄	《法華經》研究	陶國璋
2002	哲碩	洪得順	智者大師「無生觀」的研究	鄧立光
2002	哲博	李葛夫	從《大乘起信論》隨染本覺二相探析佛教叢林之顯密圓融精神	吳　明
2004	哲博	洪得順	智者大師「四教實相論」的研究	鄭健行
2004	哲博	陳雁姿	佛教對自證認識的辯析以：唯識學為中心	陶國璋
2007	史博	賴信川	鳩摩羅什《妙法蓮華經‧序品第一》「信譯」之研究	鄭健行
2008	哲碩	鄧兆生	《六祖大師法寶壇經》中維摩思想要素之研究	李潤生
2009	哲碩	王慧儀	敦煌本《六祖壇經》之心性思想研究	陳沛然

年分	碩博	研究生	論文題目	指導教授
2012	史博	鄧家宙	香港寶蓮禪寺百年發展之探究	蕭國健
2014	文碩	陳覺聰	梁元帝蕭繹撰作佛教碑銘攷述	何廣棪
2015	哲碩	孫玉林	僧肇「空」觀思想研究——以《不真空論》為中心	陳沛然
2015	史博	潘秀英	中國書院發展與佛教的關係析論	李學銘
2018	史博	王慧儀	中國禪宗思想遞變研究——以《六祖壇經》為中心	李學銘

表三　新亞研究所校友推動本地佛學發展舉隅

人物	簡介
曹仕邦教授（1932-）	曹士邦教授，香港出生。畢業於新亞書院歷史系、新亞研究所及香港中文大學研究院，專攻佛教史學、東南亞與中國之關係史，著作極豐。先後到新加坡及臺灣任教。尤其在一九六零年以後在東南亞各地的佛教雜誌和學術期刊刊登佛教研究，數量接近二百篇，且是多產而質優的論著。其時因資訊流通不便及參考書籍有限，而曹教授的著作成為亞洲華人佛教研究的重要參考資料。
李潤生教授（1936-）	李潤生教授畢業於香港珠海書院及新亞研究所，師事唐君毅教授及羅時憲教授。先後任教於羅富國教育學院、葛量洪教育學院、能仁哲學研究所、中文大學校外進修部及新亞研究所，專注唯識、因明、中觀等研究。 李教授歷任佛教法相學會董事，嘗與香港佛教真言宗女居士林合辦《成唯識論》講座長達十年，闡揚玄奘法師一系的唯識學。九十年代成立加拿大安省法相學會，於加港兩地弘揚佛學。同時佛學著作近二十種，對當代香港唯識學發展有重要推動作用。 千禧年以後，香港大學佛學研究中心成立，任榮譽教授任教於碩士班，同時推動在香港大學專業進修學院開辦

人物	簡介
	「佛學通識及佛學選要」證書課程及四年制「漢文佛典證書課程」以培養系統專才。同時，兼任能仁哲學研究所中心總監，策劃及講授專上佛學課程。可見，李教授對於當代香港佛學邁向專上體制是關鍵的推動者和執行者。影響鉅大。
霍韜晦教授 （1940-2018）	霍韜晦教授，廣東南海人。一九五七年赴港定居，先後就讀聯合書院中文系及新亞研究所，事師羅時憲教授及唐君毅教授。一九六六年碩士畢業後赴日本京都大谷大學修讀博士，專攻佛學。回港後任教香港中文大學哲學系，首開印度哲學、印度佛教哲學、梵文等課程，致力於推動「佛教思想現代化」工作。繼承新亞研究所的佛學研究基礎，於一九八二年成立佛教法住學會，開宗明義主張以學術方法普及佛學，對本地佛教文化發展，尤其「儒佛交流」開啟了新的方向。 霍教授著作及譯本超過二十本，經其翻譯的作品展拓了本地佛教人士對於海外研究佛學的視野。
李葛夫博士	李葛夫博士是新亞研究所碩士及博士畢業，專注唯識學。現任志蓮淨苑文化部研究員（主任）及法相學會董事、新亞研究所董事、佛學中心主任、兼任香港大學佛學研究中心、泰國國際佛教大學、香港佛法中心、能仁書院等教席。有近十本著作。 李博士任教於志蓮夜書院，對於課程編排和推廣有相當的貢獻和影響力。這書院由志蓮淨苑開辦一所認可的學術性質的佛學單位，從一九九八年開辦，建立了本地首個以學術與宗教結合的佛學學習模式。近年，李博士更推動志蓮夜書院與境外佛教大學合辦佛學的碩士、博士課程，為本地佛學發展開拓新的局面。
陳雁姿博士	陳雁姿博士，新亞研究所碩士及博士畢業、香港大學哲學博士。事師羅時憲教授及李潤生教授，專注唯識學。

人物	簡介
	後接任佛教法相學會主席，開拓網路學習佛學，並建立資料庫，包括唯識、因明、般若、中觀及中國佛學等，方便海內外的學佛人士在網上修讀。 歷任志蓮淨苑文化部研究員及夜書院、珠海學院佛學研究中心、新亞研究所佛學中心研究員、泰國國際佛教大學等教席。
陳沛然博士	陳沛然博士，新亞研究所博士畢業。歷任新亞研究所、香港大學佛學研究中心教席。又創辦香港佛學研究所，及開辦「香港佛學網」(http://www.hongkongbuddha.org)。著有《佛家哲理通析》等十餘種著作。
鄧家宙博士	新亞研究所博士畢業，專注佛教史研究。歷任佛教機構管理工作，現職香港史學會總監及兼任大學講師。同時是多間佛教團體的董事及佛學導師。著有《香港佛教史》等近十種佛學專著。

表四　新亞書院及研究所學術刊物中的佛學專文

年分	刊物期數	作者	研究題目
1958	新亞學報3卷2期	柳存仁	毘沙門天王父子與中國小說之關係
1959	新亞學報4卷1期	羅香林	南朝至唐廣州光孝寺與禪宗之關係
1959	新亞書院學術年刊第1期	羅時憲	六祖壇經管見
1960	新亞學報4卷2期	牟潤孫	論儒釋兩家之講經與義疏
1960	新亞學報5卷1期	曹仕邦	論兩漢迄南北朝河西之開發與儒學釋教之進展
1960	新亞書院學術年刊第2期	羅時憲	釋佛教家之聲聞道
1960	新亞書院學術年刊第2期	吳因明	晚明江南佛學風氣與文人畫
1963	新亞學報5卷2期	曹仕邦	論中國佛教譯場之譯經方式與程序

年分	刊物期數	作者	研究題目
1964	新亞學報6卷1期	曹仕邦	中國佛教史傳與目錄源出律學沙門之探討（上）
1965	新亞學報7卷1期	曹仕邦	中國佛教史傳與目錄源出律學沙門之探討（中）
1966	新亞學報7卷2期	曹仕邦	中國佛教史傳與目錄源出律學沙門之探討（下）
1966	新亞學報7卷2期	饒宗頤	華梵經疏體例同異析疑
1966	新亞書院學術年刊第8期	虞君質	山水畫裡的禪家思想
1966	新亞書院學術年刊第8期	梅應運	敦煌石室經卷題記之研究
1968	新亞學報8卷2期	潘重規	中央圖書館所藏敦煌卷子題記
1969	新亞學報9卷1期	中野美代子	帝師八思巴行狀校證
1969	新亞學報9卷1期	曹仕邦	論佛祖統紀對紀傳體裁的運用
1969	新亞書院學術年刊第11期	梅應運	敦煌變文與佛寺壁畫之關係
1969	新亞書院學術年刊第11期	曹仕邦	記兩種由中國譯場之譯場方式編纂的非翻譯佛典
1970	新亞書院學術年刊第12期	梅應運	唐代敦煌寺院藏經之情形及其管理
1971	新亞學報10卷1期（下）	曹仕邦	李、陳、黎三朝的越南佛教與政治
1971	新亞書院學術年刊第13期	牟宗三	龍樹之辯破數與時
1973	新亞學報10卷2期	曹仕邦	李、陳、黎三朝的越南佛教與政治
1973	新亞書院學術年刊第15期	潘重規	變文雙恩記試論
1973	新亞書院學術年刊第15期	唐君毅	華嚴宗之判教論
1973	新亞書院學術年刊第15期	王煜	它莊的言意觀對僧肇與禪宗的影響
1973	新亞書院學術年刊第15期	霍韜晦	原始佛教無我觀念之探討
1974	新亞書院學術年刊第16期	牟宗三	智者大師之「位居五品」

年分	刊物期數	作者	研究題目
1976	新亞學報11卷1期	唐君毅	成實論之辨「假」、「實」、「空」、「有」，與中論之異同
1976	新亞書院學術年刊第18期	王　煜	從瑜伽與禪定以論陸象山、王陽明、王龍溪之學非禪非佛
1976	新亞書院學術年刊第18期	霍韜晦	世親「唯識三十頌」譯註
1976	新亞學報11卷1期	曹仕邦	論釋門正統對紀傳體裁的運用
1980	新亞學報13卷	霍韜晦	安慧「三十唯識釋」原典譯註（一）──第一分　識轉化論之第一、第二品
1980	新亞學報13卷	李潔華	唐宋禪宗之地理分佈
1986	新亞學報15卷	程兆熊	天臺智顗之圓頓止觀與古本大學之知止知本
1986	新亞學報15卷	曹仕邦	玄奘與義淨被尊稱「三藏法師」的原因試釋
1997	新亞學報18卷	陳沛然	《維摩詰經》之不二法門
1999	新亞學報19卷	曹仕邦	于法開救治難產孕婦所牽涉的佛家戒律問題
2001	新亞學報21卷	馮錦榮	「格義」與六朝《周易》義疏學─以日本奈良興福寺藏《講周易疏論家義記殘卷》為中心─
2003	新亞學報22卷	何廣棪	東晉釋道安對佛經辨偽學之開創及其成就與影響
2009	新亞學報27卷	屈大成	中國初傳佛教圖像述評
2010	新亞學報28卷	李潤生	唐、牟二師對禪學開顯的處理述異
2010	新亞學報28卷	吳　明	從佛教體用義之衡定看唐、牟之分判儒佛
2011	新亞學報29卷	屈大成	道宣的戒體論

年分	刊物期數	作者	研究題目
2012	新亞學報30卷	劉衛林	皎然詩境說與蘇軾詩禪觀念的源出
2016	新亞學報33卷	屈大成	〈《雜阿含》的整編－印順有關原始佛經結集的研究〉
2019	新亞學報36卷	屈大成	漢譯《雜阿含》偈頌特色之研究
2021	新亞學報38卷	屈大成	十七群比丘考——以漢譯「根有部律」為基本資料
2023	新亞學報40卷1期	屈大成	從漢譯佛典論八關齋的內涵及其特色

三　誌念

憶嚴耕望先生（1916-1996）及
廖伯源學長（1945-2021）

官德祥

一　引言

　　我是一九八七年考入新亞研究所碩士班。入學前需要面試，這是我平生第一次見到嚴耕望先生的尊容。唸大專時，任教明清史的李金強教授在課堂上曾提及研究所的情況和嚴先生的大名，但沒留下深刻的印象，僅約略知道先生來自臺灣中央研究院史語所；是位擁有院士頭銜的大師級人物，並曾在中文大學歷史系任教。[1]對於當年中文大學不挽留臨屆退休的嚴先生，讓其白白流失；三十多年後，學長廖伯源仍對此事耿耿於懷，認為是中大的損失。廖學長是嚴先生得意門生，是本文主角之一。關於不挽留嚴先生的事，我在學時期從沒聽到他有半句抱怨，或者事過境遷先生沒必要再提起。但可以肯定的說，先生對「名利」看得極其淡薄；這性格特徵學術界眾所周知，不必贅言。

　　嚴先生在世，我已知有廖學長此人，但從未謀一面。若我記憶無誤，第一次接觸他是嚴先生魂歸道山之後。他專程來港與研究所同學聚會，並以師兄身分向眾師弟們介紹嚴先生的生平行誼，順便懷緬一番。我與眾同門出席了這次聚會，對廖學長的印象因近距離接觸而加深。直到二〇一一年暑假，他從臺灣回到新亞研究所當所長，我才與他開始有正式交往。我有志研習秦

---

[1] 作者最早知道嚴先生的名字，是在唸高中時，中史老師李鳳娟女士在黑板上寫上「嚴耕望」的名字，是我平生第一次知道嚴老師。李老師是上世紀八〇年代畢業於中文大學，她曾上過嚴先生的課。

漢史，惜成績平平，而他是此方面大家。是次來新亞研究所履新，正是近水樓臺，予我親炙的大好良機。我趁週末學校假期，跑回研究所，向他多所請益。他對於同門師弟的叩問，毫不抗拒，還很認真地一一回應。後來我索性取得他的同意，旁聽他一門關於史學方法的課。印象最深是他在其課堂中愛用「勇」字去激勵同學，著大家不要怕權威，要敢於挑戰權威。後文將對廖學長有更多介紹，以下先談嚴耕望先生，我心目中的歸田師；研究所同學慣稱呼他為「嚴先生」。

二　學史新丁遇上史學大師

我一直在香港接受教育，由小學、中學直至大學。學校教育以考試為重中之重；小學升中試、中學會考及高考得關關通過。說香港教育全是向「應試」服務，或有點武斷；但在某程度上乃事實。初上嚴先生課，印象深刻的是他經常把「做學問」三字掛在口邊，慣應試的同學直覺認為「求學問」是曲高和寡，心態上有點兒格格不入。不過，「做學問」此三字對我這個學史新丁卻起著振聾發聵的作用。我自考進研究所，能跨進「做學問」的門檻感到沾沾自喜；而站在講壇前的嚴先生正是「做學問」的活生生楷模；把我從前應試的學習態度一掃而空，一頭栽入求學問的大道。

我寫過兩篇關於嚴先生的文章，一篇談一九四九年前嚴先生仇儷與顧頡剛的關係，[2]另一篇是寫嚴先生鮮為人提的學術特色。[3]兩篇文章都沒有「我」在其中；今文則集中寫我向先生問學的逸事，借此追憶先師教導之恩。

唸研究所主要有三件事辦，一是親炙大師，二是修讀學分，三是完成論文。大專時，我主修近現代史，對古代尤其「不古不今」漢唐史僅具中學程度；對於基本史實不了了之。回想先生要面對著肚無半點墨水的我，確實難

---

[2] 官德祥：〈《顧頡剛日記（1941-48）》中所載的嚴耕先生及其夫人段畹蘭女士〉，《書目季刊》，45卷2期（2011年），頁73-89。

[3] 官德祥：〈我印象中的嚴耕望教授〉載鮑兆霖等編《北學南移》〈學人卷II〉（臺北市：秀威資訊科技公司，2015年），頁71-83。

為。感恩他全無架子,耐性地指導我這塊朽木。記得一次先生著我去圖書館找資料以為論文作準備。先生很強調基本史料,要我細讀前四史,要我由首到尾逐字閱讀;弄清每個字詞。得先生的叮嚀,這死功夫必得要下,學問才能紮實。無耐我生性愚魯,迄今治史多年,仍有很多不明不白的地方,愧甚!

我除了需要讀前四史,那時候還要為論文開題煩惱。經過兩次與先生商議,仍拿不定主意。當時我還未拜讀先生所倡議「年青人應『小題大做』」的法門。結果,我自選的題目不是茫無邊際,就是過於狹隘。最後,先生忍不住索性給我一個具體方向;研究漢代四川物產。有一次我問先生:「為甚麼要研究物產?」他斬釘截鐵說:「物產就是人類生活的最基本。」人類歷史一般都離不開基本生活資料,能把握歷史時期一時一地的物產,對了解歷史發展會有幫助。未幾,我再把研究範圍微調,最終以漢代西南地區(包括四川、雲南及貴州)的物產分布為研究對象。後來,我得悉同門李啟文學長也曾以漢代物產作為碩士論文;只怪年輕的我太過孤陋寡聞,沒有先參考他的論文,走了些冤枉路。[4] 再者,回想先生著我研究四川物產,前有李學長的漢代物產研究從宏觀角度切入,可能希望我的論文能從區域角度(較少空間)作仄深的探究吧!

又有一次問及嚴先生關於寫論文事,他不假思索說:「論文只有兩種,一是別人沒寫過,你去寫。另一是別人寫了,你不同意……。」又說:「〈引言〉宜留待最後寫,待得出結論後,把其寫進引言中……」云云。眾所周知,先生向來講話不多,但往往一矢中的。每次把寫好的論文章節拿給先生改,他都能精準指出錯誤,讓我及時彌縫。先生又不止一次強調文章不要急著發表,放進抽屜時刻修改補訂。然而,在現實世界年輕人最不易遵守這一條法則。當眼見別人不顧質素趕快出文,以量取勝時;他們多按捺不住的;爭先恐後。回想先生的做法有其道理。他現身說法,把寫好的論文存藏起來,待上十年八年,其間不斷參考其他學人成果,增訂修補,得知無人能超

---

[4] 嚴先生過身後,李啟文先生花了許多心血,為歸田師遺作校對和出版,嘉惠後學。歸田師學問能在祖國傳播,厥功至偉。

越自己論文內容,才拿出發表。[5] 表面上看,十年發表一篇文章是太過緩慢。不過,先生有其全盤計劃。在此十年間,他孜孜不息作研究,著眼不是一個單一題目,而是一大堆問題群,由於問題與問題間往往相互關聯,故能收相互發明之效。當下進度看似很緩慢,實則十年後,一篇又一篇經千錘百鍊的論文,連綿不絕問世。大家就會對成果感到驚訝!先生以其「細貨必出於慢工」的態度,年復年賡續不斷,造就出過百篇論文逾數百萬字。其碩果累累,充實而有光輝。先生力勸同學做研究要有計劃,最少要訂五至十年,這與「十年磨一劍」道理相同,但知者未必行,尤其要求聰明人下笨功夫。以下還有例子反映先生很重視「慢工」在歷史研究的重要性。

有一次農曆新年,我到先生在九龍塘義本道的住所拜年。由於我一時心急,慌忙搭錯了車,結果折騰了大半小時;由原來「早到」變成「遲到」。先生當時借用《論路‧子路》「欲速則不達」之話曉以大義,現在仍銘記師訓。又,先生在另一場合對我說道:「現在走得慢,將來走得快……。」意思是年青時慢慢打穩基礎,日子有功,將來做研究就容易得心應手。經過了幾十年寒暑,我漸漸領悟到這兩句話的真諦。

除上述外,嚴先生曾對我的中文表達有所關注。又一次,嚴先生語重心長地說:「你們書讀得太少,要多看書,才能寫出好文章。」他曾建議我參看高步瀛先生:《唐宋文舉要》。先生太高估我的程度;高氏文字太艱深,我學不了,看一會便放棄。最後,我硬著頭皮對先生坦言。先生微微一笑似乎驚覺他的推薦遠超我能力。後來,他再命我去找梁啟超及余英時兩先生的文章看,並嘗試模仿他們寫作的技巧。梁及余先生的書確實比高氏書易「入口」;先生不厭其煩地為我開示如何學寫文章,成為我這新丁的重要指路明燈。

在課堂上,嚴先生有時會推介好書給同學。除了史學二陳及呂思勉先生的作品外,他極讚賞及佩服湯用彤先生:《漢魏兩晉南北朝佛教史》及彭信威先生:《中國貨幣史》。先生對佛教史素有研究,早年與胡適先生討論佛教

---

[5] 嚴先生特別提醒我們,如別人文章先過自己的發表,即使自己撰寫時間較早,仍要註引對方,以示遵從學術規範。

史問題，故先生對湯氏著作評價相當中肯。至於彭信威先生：《中國貨幣史》更獲先生與師母的共同激讚。我聽到先生的書介後，馬上到書店把二氏的書全買回家拜讀。湯氏及彭氏之書至今仍在我案頭，久不久拿上手細看咀嚼，嘗試追隨先師昔日閱讀的心路。

有一點補充，先生對研究中國史的日本學者十分推崇，尤其對他們的治學態度、方法及成果都予以肯定；叮囑我們多讀他們的書。他自已在近知天命之年學習日文，由此可見其對日本學界的重視程度。至於外國人治中國史，他希望大家對外國人少作批評，多些鼓勵。他說外國人願學中國歷史，為何要對他們作嚴格挑剔呢！課堂中途偶有短暫休息，先生興之所致，會放下手上的講義，除下老花眼鏡與學生聊聊，偶爾會聊及當代學人，記得他曾提到許倬雲先生天分高，何炳棣先生則專挑大題目寫；又佩服章群先生能在高齡下轉新範疇云云。先生聊天的話不多，點到即止，但對我這井底之蛙能多了解當今學術動態，裨益匪淺。

最後，我的碩士論文和其他學長一樣，得到先生手把手，逐字逐句，一章一節，精心校改而生成。我至今仍十分後悔，在一次搬家時遺失了附有先生親筆校改的論文手稿；上面滿布先生用鉛筆為我細心圈點錯誤、打鉤刪改的痕跡。這不單止丟失了老師心血，也丟失了我初試啼聲的珍貴回憶。令我感到慚愧的是碩士論文雖然草成，但卑之無甚高論。論文答辯後，先生竟沒有怪責，還鼓勵道：「……年青人，還有希望。」這句話成為我之能繼續「做學問」迄今不未放棄的源動力。

三　嚴先生走，廖學長來

嚴先生於一九九六年十月九日因病辭世，痛失良師。從今以後，我想找到如先生般具淵博學問的人請益，並不容易。加上我性格有點兒孤癖，不懂應酬，與本地學術圈人疏離，且人脈不廣，平日研究只得閉門造車，學問孤陋可想而知。香港各大專院校教授秦漢史學者雖不少，但要專程拜訪人家求切磋學問，個人覺得甚為冒昧。先不論對方願意否，萬一防礙人家工作，人

家又不好意思回絕,雙方都會尷尬。腦海中那種惺惺相惜或一見如故的畫面,畢竟是可遇不可求;每想到這裡內心便打起退堂鼓。後來人漸年長,覺得為求真學問,應克服這不必要的罣礙。當我獲悉秦漢史專家廖學長回研究所當所長,還知道他將開課教研究生,喜不自勝。所長乃同門師兄算是自己人,比起與陌生人打交道肯定較易。果然,我第一次拜謁廖學長,他很客氣,寒暄幾句,便熱烈談起來;率先打開話匣子當然是談大家的業師歸田先生。

拜廖學長歸來的因緣所賜,我又再次重回到闊別多年的研究所。我多數選擇星期六回研究所,一是我週末不用上班,二是廖所長逢星期六必回所辦理所務。後來得悉他決定在研究所開一門課,我便向他提出旁聽要求;依稀記得旁聽了他的課差不多一年,主要在星期三晚及星期六下午。我印象最深刻的是,廖學長在黑板上寫上一個大大的「勇」字。這個「勇」字可以理解為智、仁、勇中的「勇者無懼」。他認為做學術不應懾於權威,要有超越前人和突破舊說的「勇氣」。有勇才無懼無畏,有勇才具足夠自信心,敢公開發表個人見地。當然,廖學長所說的「勇」是有勇有謀,有計劃地蒐集材料,並在此基礎上作出歸納和創建新說。拜讀過他的著作的人都會有著同感。他慣用大量資料歸納出牢不可破的紮實結論,就此點已極值得後輩學習。另外,廖學長教我們讀書時要為每本書寫下摘要,而且要經常拿出摘要反覆溫習。作用是一旦與人討論爭辯時,能旁徵博引,勇奪「話語權」,這才能予人深刻印象。廖先生經常參與學術論壇及研討會;這應是他的經驗之談。[6]

我在第二次見廖學長時,他把從臺灣帶回來的大作《簡牘與制度——尹灣漢墓簡牘官文書考證》送給我,並附親筆簽名。我欣然接受,並「回敬」先生兩篇舊作,順便求學長斧正。學長拿回去,不出一星期便把文章閱畢,簡潔地提了兩句評語。其中一句具體字眼已忘記,大概意思是「我具備做研究的能力……。」學長說出此勉勵話時,態度直率,無帶半點客套的感覺。十幾年後,我仍在史海中浮沉,學問只得寸進,辜負先生厚望;思之不禁悵

---

[6] 廖所長回研究所後,積極舉辦學術講論會;短時間內共舉辦了三次。在香港辦純學術研討會,並不容易。他希望回復從前新亞「月會」的傳統。他應清楚時移勢易,今非昔比,但仍存雄心壯志,「明之不可為而為之」,實屬「大勇」的表現。

惘。另外一句，內容涉及我的研究方向。他判斷我是走「社會生活史」的路線。當時我只有半桶水（甚至未足半桶水），聽後猛然驚醒；學長果然旁觀者清，我則當局者迷。我從那時候開始確立以「漢代社會生活史」為主要研究路向。

　　我十分懷念昔日與廖所長交流的過程。記得有一次到所長室向他請益，說打算做有關漢代不同年齡層的人的生活研究。我告訴他打算把凡涉及年齡的材料都盡錄下來。他提醒我，史書中有關老年人、幼童的材料特多，反而關於中年人的特別少。我當時正處於搜集的起步階段，對其話不太在意。現在回想，他當時可能提示我此路難行。我在過去十餘年斷斷續續收集有關材料，一直未能就此問題寫成一篇像樣文章；回想他的一番話確有先見之明。

　　除了我主動發問外，關於廖學長的記憶，還有來自大家的閒聊。有一次聊到秦漢之際的官印封泥與政治制度問題時，他忽然告訴我說他從前曾聘一助手負責找封泥材料，後來因自己對助手的管理不善，研究計劃不了了之。又說他曾寫好了一篇關於漢代歷史地理的論文，但自覺不及國內某某專家好，結果他把文章撕毀。我回想學長或借這些失敗經驗來告誡我，令我能從中學習和成長。他有時會在閒聊中月旦國內外學者。先生雖然長期在臺灣教書和做研究，卻非常熟知祖國研究情狀，這或與他生前與不少國內研究漢代學者過從甚密有關。據悉，他曾頻繁進出祖國各省市研究機構，作過緊密的學術交流。他又對我分享過國內某頂尖大學的師資、研究水平及範疇等問題，具有個人獨特看法。他對我的一篇文章中的腳注引用某某外國藉史家，表示不以為然，認為此外國學者水平一般不值徵引。他予人性格直率，「是其是、非其非」。今人已乘黃鶴，音容卻宛在，說話時堅定自信的眼神，一世難忘。君子坦蕩蕩，毫不掩飾，這就是學長的過人魅力。

四　結語

　　凡上過嚴先生和廖學長課堂的同學必有同一感受，就是兩位老師備課都非常充足。嚴先生撰有課堂講義以防大家聽不明白他的安徽腔。他的講義嚴

謹程度不下於其學術論文。他會為講義不斷補訂,此足反映先生「做學問」精益求精的態度。[7]至於廖學長同樣預備詳細講義發給同學,但他還會在課後額外加派習作給同學回家完成,目的是想同學能活學活用堂上所學。兩位先生同以金針度人,傾囊相授。他們為後輩傳承學問,充滿熱忱。嚴先生教學雖以單向為主,但每講到重要關鍵時間、地點及人名時,會把其寫在黑板加以口頭發揮。先生最厲害的地方是每教一個課題,必有其已發表文章作例;此非一般大學教授能有的「硬實力」。

嚴先生對其花了大半世紀研究的《唐代交通圖考》有極自信的期許。他自問道:「傳於後世乎?」先生曾對我慨嘆說:……圖考在學術界能屹立三十年仍未淘汰於願足矣。」憶想先生憑一己之力,寫下不刊巨著。今年是二〇二三年,《圖考》已由不同出版社再版,三十年未淘汰之說早超標完成,惜先生未能親睹。[8]先生在撰寫《圖考》過程中,難免有時唏噓。他除了要花超過半世紀時間抄錄史料,感到枯燥外,他慨嘆道:「知音太少……。」他嘆息現今能通讀全書的人寥寥無幾。我覺得這話可分兩方面看,一、要由首到尾通讀《圖考》的學者委實不多,有其理由——畢竟這書太專門,即使是研究唐史的學者也未必能全本通讀。二、但是《圖考》內容牽涉政治、經濟、社會、軍事及文化交流等主要命脈,治史者必不能完全繞過先生此書。故讀《圖考》的人也不少,只是各取所需,尋找相關的篇章來讀而已。據我觀察所得,國內學界對《圖考》很關注和願意參考先生論點。這表示出《圖考》仍會有很多知音人。先生在天有靈,應感安慰。至於廖學長,他主要從事漢代政治制度的專題研究。記得他在堂上說他的理想是把漢代政府各級官

---

[7] 不過,嚴先生對學術那麼嚴謹,他心目中講義與論文,仍有層次上分別。這一輩學人多不輕易把講義出版成書。至於老師過世後,同門學長李啟文先生為紀念及傳承嚴師學問,把其講義刊印,嘉惠學林,則是後話。另外,黃兆強教授在新亞研究所七十周年學術研討會中發言說道:嚴師曾為新亞開課足足花用了兩年時間備課,其認真態度足見一斑;特此感謝黃教授的補充說明。

[8] 幾十年前的書再版何止《唐代交通圖考》,他的《唐僕尚丞郎表》為許多唐史學者的必備參考書,近日亦由北京聯合出版公司再版。

員由上至下的序列排列出來。他嘗試透過許多專題向此方向步步邁進。他上承了嚴先生的「笨功夫」，憑強力個人意志和恆心去抄資料，並把資料分門別類，用人人可讀的史料寫成多本專書，碩果累累；他的結論至今於史學界仍站穩住腳。補充一點，廖學長在研究所讀書時，研究所文學組導師徐復觀先生正撰兩漢思想史；學長是研究漢代，故亦向徐先生問學請益，治學也同時受其影響。

嚴先生與廖學長研究歷史都是實事求是，極少講理論。他們善於運用大量資料，把史實擺在讀者眼前，作出極具說服力的結論。在史料運用方面，兩位先生已達爐火純青境地。由於他們的論文一直有豐富的材料支撐著，令讀者們對他們的研究結論有信心；即使偶爾遇到同行挑戰，大醇小疵，始終動搖不了他們在史學道上所創建出的穩健名聲。由此可知，在歷史研究過程中，「人無信而不立」仍占極重要位置。最後，我很感恩能在新亞研究所求學，能與嚴先生和廖學長先後種下師徒因緣，在做學問路上得到他們無私的點撥，三生有幸。際此新亞研究所七十周年紀念會，我撰此短文以追思與兩位先生生前的交往及從師問學等情狀。文章僅憑個人片面回憶，零散拉雜不成系統；兼且對嚴、廖二氏比我更有認識的大有人在；倘有任何商榷之處，敬請方家不吝賜教。[9]

9　承蒙李金強教授在新亞研究所七十周年學術研討會內向作者提點，嚴先生於新亞研究所工作時間頗長，其中上課的種種情況極值得深入研究。作者對此非常同意，但仔細考慮到此文是個人回憶加上主角共有兩人，如羼入太多關於嚴先生新材料，或影響到文章的性質及可能令兩主角篇幅失衡，因此作者打算將來另闢一文專論嚴先生在新亞研究所的教學情況。

作者簡介

李金強

現為香港浸會大學榮休教授,近代史研究中心榮譽顧問,香港新亞研究所董事會主席(2014-2020)及特聘教授。新亞研究所畢業,澳洲國立大學(Australian National University)哲學博士(PhD)。先後出任香港近代中國史學會創會成員及主席(1997-2001),香港中國基督教史學會創會成員及主席(2008-2010)。主要公職服務包括香港中央圖書館諮詢委員會委員(2008-2014),香港海防博物館榮譽顧問(2003～至今),孫中山博物館名譽顧問(2005～至今),衛奕信勳爵文物信託理事會委員(2005～至今)、孫中山故居紀念館專家委員會委員(中山,2012-2015)及國父紀念館《孫學研究》編輯顧問(臺北,2017～至今)。

周佳榮

香港大學哲學博士,浸會大學歷史系榮休教授,新亞研究所教務長及亞太研究中心主任,曾任浸會大學歷史系主任,近代史研究中心主任,當代中國研究所所長,香港中國近代史學會會長等。著作尤多,以東亞史、思想史,文化史為主。

翁文嫻

詩名阿翁。香港出生,臺灣師範大學畢業,香港新亞研究所碩士。巴黎第七大學東方語文系博士,現任成功大學中文系退休兼任教授。

翁文嫻詩學疏解各種生澀的美學與思維現象,挖掘被質疑、誤解卻真正

---

* 本書編、作者依文章先後排列。

美學具原創力的詩人。出版集《光黃莽》、散文,巴黎地球、詩學論文《變形詩學論》、《創作的契機》、《李白詩文體貌之透視》,特別是二〇二〇年出版《間距詩學》,提倡「字思維」的閱讀方式,將臺灣詩學研究推向另次元的水平。

區永超

復旦大學博士,香港政府表列中醫。著有《論語修辭研究》、《《論語集注補正述疏研究》。詩作見於香港中文大學出版之《香港名家近體詩選》,《嶺雅》、《詩課選輯》、《鳴社詩輯》、《詩詞畫意中的新界》等,為鳴社創社成員。嘗赴澳門作賽,凱旋而歸,弈事見於言穆江《象棋實戰講座》。學術論文主要見於《新亞論叢》及《北學南移》等書中。

楊永漢

孔聖堂禮仁書院校長、香港樹仁大學兼任助理教授,新亞文商書院顧問兼任副教授。一九八二年畢業於香港樹仁學院(今樹仁大學)中國文學及語言學系,旋入新亞研究所攻讀,得歷史學碩士、博士學位。一九九四年負笈英國洛定咸大學(University of Nottingham)進修教育學,一九九七年得碩士學位。其後再獲香港大學社會工作碩士、中文大學文化及宗教系碩士、北京師範大學文學博士學位。曾任教於香港城市大學、新亞研究所助理教授兼論文指導導師、澳門大學、樹仁大學及香港大學專業進修學院客席教授、講師。為《新亞論叢》、《孔聖堂詩詞集》、《全漢昇先生百歲誕辰紀念論文集》、《宋敘五教授紀念論文集》、《紀念牟宗三先生逝世二十周年國際研討會論文集》及《新亞文商學術叢刊》主編/執行編輯。出任公職包括香港教育大學中國語言學系學術顧問、香港新亞文商書院顧問、國史教育中心顧問、華東師範大學校友會香港校長聯誼會秘書、中國文化研究院學科顧問、香港樹仁大學歷史系顧問等。專著包括《論晚明遼餉收支》、《虛構與史實增修版》、《觀瀾索源——先秦兩漢思想史新探》(合著);創作有〈寢書樓詩詞集〉、《叮嚀與棒喝——校長的話》及數十篇學術論文刊登於不同學術期刊。

雷晉豪

臺灣臺南市人，臺灣大學歷史學博士，成功大學歷史學碩士，臺灣大學法律學士，曾於中央研究院歷史語言研究所、北京清華大學、紐約哥倫比亞大學擔任訪問學生。現任香港教育大學文學及文化學系助理教授、中國歷史與世界歷史教育課程主任。研究專長為西周史、青銅器與金文以及中國歷史地理學。代表著有《周道：封建時代的官道》、《西周昭王南征的重建與分析》等中、英文著作數十篇。

汪立穎

香港新亞研究所碩士，後負笈法國，研究敦煌道教經卷，獲法國巴黎第七大學遠東研究中心博士學試文憑。曾參與東亞語言研究中心《中法辭典》之編纂工作，長期為聯合國教科文漢語教師，及巴黎市政府成人進修課程中文部之策劃人。業餘從事散文寫作，電影及文學翻譯。已出版主要譯作：*Je suis ton papa*（Flammarion 1997. 與 Ang lique Levi 合譯。原著：王朔《我是你爸爸》）；《弒孔子之風》（*Les Assassines de Confucius* de Jean Levi. Hermits United 2023）；《忤時談莊子》（*Proposintempestifs sur le Tchouang-Tseu* de Jean Levi. 臺北市：華夏出版社，即將出版。）

岑詠芳

香港新亞研究所碩士，後負笈法國，研究敦煌變文寫卷，獲法國巴黎第七大學遠東研究中心博士學試文憑。曾任職法國巴黎高等實用學院（Ecole Pratique des Hautes Etudes）第五組宗教系道教研究及道藏資料中心助理研究員、法蘭西學院漢學研究所圖書館古籍部主任。發表論文：〈法國新儒家領域之研究〉（《新亞學報》，二〇一〇年）、〈唐君毅及牟宗三兩位先生對《楞伽經》中如來藏思想的詮釋〉（《北學南移》，臺北市：秀威資訊科技公司，二〇一五年）、〈程兆熊先生留學法國綜述〉《程兆熊先生之完人的生活與風姿》，臺北市：財團法人中華出版基金會，二〇二四年）等；參與編修項目有：

《法蘭西學院漢學研究所藏漢籍善本書目提要》（田濤主編，北京市：中華書局，二〇〇二年）、《法蘭西學院漢學研究所藏清代殿試卷》（北京市：中華書局，二〇一五年）等。

鄧家宙

香港新亞研究所博士，香港史學會理事、兼任大學講師。專注香港史、宗教及信俗研究、金石文獻等研究及推廣活動，編著有《香港佛教史》、《香港非物質文化遺產系列：涼茶》、《百善義為先：東華義莊一百二十週年紀念簡史》、《長洲朱建順祖族譜》、《觀音山凌雲寺志》、《香港華藉名人墓銘集：港島篇》等逾三十種專著。曾膺獲第十一屆香港書獎及第二十九屆印藝大獎冠軍。

官德祥

北京大學博士（秦漢史）、香港新亞研究所碩士（史組）、香港浸會大學學士（歷史系）。研究方向：秦漢社會經濟史、商業史及自然災害史，著作有《中古社會經濟生活史稿》及期刊論文逾三十篇等。

史學研究叢書・歷史文化叢刊 0602OZ04

舊學新傳——新亞研究所學人誌

合　　編	新亞研究所儒學史研究中心、新亞研究所校友會
責任編輯	丁筱婷

發 行 人	林慶彰
總 經 理	梁錦興
總 編 輯	張晏瑞
編 輯 所	萬卷樓圖書股份有限公司
排　　版	林曉敏
封面設計	黃筠軒
印　　刷	百通科技股份有限公司

發　　行	萬卷樓圖書股份有限公司
	臺北市羅斯福路二段 41 號 6 樓之 3
	電話 (02)23216565
	傳真 (02)23218698
	電郵 SERVICE@WANJUAN.COM.TW
香港經銷	香港聯合書刊物流有限公司
	電話 (852)21502100
	傳真 (852)23560735

ISBN 978-626-386-243-2 (全套:平裝)

2025 年 04 月初版

兩冊合購定價 1500 元

ISBN 978-626-386-241-8

定價：新臺幣 320 元

如何購買本書：

1. 轉帳購書，請透過以下帳戶
   合作金庫銀行　古亭分行
   戶名：萬卷樓圖書股份有限公司
   帳號：0877717092596

2. 網路購書，請透過萬卷樓網站
   網址　WWW.WANJUAN.COM.TW

大量購書，請直接聯繫我們，將有專人為您服務。客服：(02)23216565 分機 610

如有缺頁、破損或裝訂錯誤，請寄回更換

版權所有・翻印必究

Copyright©2025 by WanJuanLou Books CO., Ltd.

All Rights Reserved　　Printed in Taiwan

國家圖書館出版品預行編目資料

舊學新傳：新亞研究所學人誌/新亞研究所儒學史研究中心、新亞研究所校友會合編. -- 初版. -- 臺北市：萬卷樓圖書股份有限公司, 2025.04

　面；　公分. -- (史學研究叢書. 歷史文化叢刊；6020Z04)

ISBN 978-626-386-241-8(平裝)

1.CST: 新亞研究所 2.CST: 學術思想 3.CST: 文集

112.07　　　　　　　　　　　114001644